LA CUCINA TOSCANA

LA CUCINA TOSCANA

MAMMAS REZEPTE

Alvaro Maccioni

Fotos von James Murphy

CHRISTIAN VERLAG

Aus dem Englischen übersetzt von Susanne Vogel
Redaktion: Inken Kloppenburg Verlags-Service, München
Korrektur: Herbert Scheubner
Umschlaggestaltung: Caroline Georgiadis
Herstellung: Dieter Lidl
Satz: DTP Josef Fink, Gräfelfing

Die Originalausgabe mit dem Titel *Alvaro's Mamma Toscana*
wurde erstmals 1998 in Großbritannien im Verlag Pavilion Books
Limited, London, veröffentlicht.

Design: Bernard Higton
Fotos: James Murphy
Hauswirtschaftliche Beratung: Allyson Birch

Druck und Bindung: Egedsa
Printed in Singapore

ISBN 3-88472-410-X

HINWEIS

Alle Informationen und Hinweise, die in diesem Buch enthalten sind, wurden vom Autor nach bestem Wissen erarbeitet und von ihm und dem Verlag mit größtmöglicher Sorgfalt überprüft. Unter Berücksichtigung des Produkthaftungsrechts müssen wir allerdings darauf hinweisen, dass inhaltliche Fehler oder Auslassungen nicht völlig auszuschließen sind. Für etwaige fehlerhafte Angaben können Autor, Verlag und Verlagsmitarbeiter keinerlei Verpflichtung und Haftung übernehmen.

Korrekturhinweise sind jederzeit willkommen und werden gerne berücksichtigt.

INHALT

EINFÜHRUNG

Vor einem guten halben Jahrhundert konnte man noch nicht in den nächsten Supermarkt oder Delikatessenladen gehen und dort kaufen, was das Herz begehrte. In meiner Heimat, der Toskana, gab es viele Selbstversorger. Auch meine Mutter und Großmutter begaben sich, wenn es ans Kochen der täglichen Speisen ging, in den Gemüsegarten hinter dem Haus, der ihnen die meisten Zutaten lieferte. Als ich größer wurde, faszinierten mich diese Zutaten immer mehr und vor allem die Kunst, wie aus dem, was die Jahreszeiten boten oder was der Geldbeutel zuließ, ein so köstliches Essen bereitet werden konnte. Schweinefleisch etwa war in Italien wegen des heißen Klimas im Sommer tabu, einen Kühlschrank besaß ja kaum jemand. Gutes Rindfleisch wie Steaks war den Wohlhabenden vorbehalten. Wir konnten uns höchstens die Stücke leisten, die sie verschmähten, und kochten sie oder bereiteten daraus einen Eintopf. Not macht bekanntlich erfinderisch, und aus schierer Bedürftigkeit entstand manches Gericht, das heute zu den Spezialitäten der toskanischen Küche zählt. In diesem Buch habe ich die Rezepte »meiner Mütter« zusammengetragen. Die Mehrzahl gebrauche ich deshalb, weil meine Mutter nicht immer wohlauf war und ich daher oft bei meiner Großmutter und auch den Familien meiner Freunde essen durfte. Aus den damaligen Anregungen schöpfe ich bis heute.

Als junger Mann zog es mich in die Gastronomie. Mein Vater hatte jedoch andere Pläne mit mir und schickte mich auf eine Landwirtschaftsschule. In meinem letzten Ausbildungsjahr verließ ich sie ohne sein Wissen, er erfuhr erst davon, als ich bereits an der Hotelfachschule in Lausanne studierte. Nach zwei Jahren absolvierte ich dort meinen Abschluss als *chef du partie*. Damit war ich also ein qualifizierter Koch, spezialisiert auf die internationale Küche französischer Schule und auf Saucen.

In der Folgezeit gewann ich während meiner verschiedenen Anstellungen allmählich die Erkenntnis, dass die Wiege der europäischen Esskultur in meiner Heimat stand. Im zweiten vorchristlichen Jahrtausend besiedelten die Etrusker jenes Gebiet, das heute als Toskana bekannt ist. Sie waren das zivilisierteste Volk auf dem Kontinent. Und während im übrigen Europa noch düsterstes Mittelalter herrschte, kündigte sich in Florenz bereits die Renaissance an.

Auf den Dächern zahlreicher alter Paläste in Florenz ragt ein kleiner Turm auf, die *piccionaia*, ein Taubenhaus. Zur Zeit der Medici speiste man während der heißen Jahreszeit gerne in der wohltuend luftigen Atmosphäre dieser Taubentürme. Sie wurden zu einer Art Statussymbol und vor allem bei besonderen Anlässen genutzt. Bis heute haben sich viele Rezepte aus jener Zeit erhalten. Eines von ihnen ist *Arista,* ein mit Knoblauch und Rosmarin gespickter Braten vom Rücken des Schweins oder Wildschweins (Seite 128). 1438 wurde er für die Erzbischöfe und Kardinäle aufgetischt, die sich zum Ökumenischen Konzil in Florenz zusammengefunden hatten und dort Griechisch sprachen. Sie fanden ihn fantastisch und taten dies mit dem griechischen Ausruf *aristo, aristo!* auch begeistert kund. So kam der Braten zu seinem heutigen Namen. Über die sprachlichen Wurzeln der *Bistecca* kursieren dagegen verschiedene Theorien. Eine davon will wissen, dass sich das Wort von Beefsteak ableitet. Tatsächlich aber bedeutet »bis« doppelt, steht also für Filet und Entrecôte. Ohne eine *Bistecca alla Fiorentina* ist die Festa del Grillo, ein traditionelles Picknick am Himmelfahrtstag, nur eine halbe Sache. Kaum eine Florentiner Familie, die sich das kostspielige Stück Fleisch zu diesem Anlass nicht leisten würde. Man zieht damit in den Parco delle Cascine, zündet ein Feuer an und spießt das Steak auf einen gegabelten Ast, den man vor dem Feuer in die Erde steckt. Das Fleisch gart, ohne dass austretendes Fett in die Flammen tropft. Doch Achtung: Eine echte *Bistecca alla Fiorentina* muss innen noch rosa bis blutig sein.

Über so manches alte Rezept ließe sich noch Interessantes erzählen. Mir ging es hier jedoch vor allem um eine Zusammenstellung jener Zubereitungen, die aus der traditionellen Küche der Toskana nicht wegzudenken sind. Die toskanische Küche ist die vielfältigste in Italien. Die Küstengewässer, die sich etwa von La Spezia bis beinahe nach Rom erstrecken, liefern Fische und Meeresfrüchte. Im Apennin, der einen Teil der östlichen Grenze der Region markiert, schätzt man bis heute Wildschwein und anderes Wild mit Polenta als Beilage. Einen zentralen Punkt auf der kulinarischen Landkarte der Toskana bildet auch das Chianti als eine der traditionsreichsten Weinbauregionen der Welt. Süßwein, Honig und Früchte verleihen manchen Gerichten eine liebliche Note. Uralte Rezepte aus der Zeit Katharina de' Medici sehen meist die Verwendung von Honig oder Konfitüre vor. Vor allem wurde Fleisch darin mariniert, das seinerzeit eine Woche und länger abgehangen wurde und ohne Kühlung dabei unvermeidlich ein strenges Aroma entwickelte. Es geht die Rede, dass das gute Essen in der Toskana praktisch erfunden wurde. Schon in Kochbüchern, die tausend Jahre und älter sind, finden sich Rezepte für Brathuhn, verschiedenste Zubereitungen mit Wurst, Filetsteak und andere mehr, die bis heute überlebt haben.

Während der Ära der Medici und Borgia diente das Kochen und Essen in vornehmen Florentiner Kreisen weniger der Befriedigung eines elementaren körperlichen Bedürfnisses als vielmehr der Unterhaltung. Die Gemälde jener Zeit haben entweder religiöse Inhalte, oder sie schildern die Vor- und Zubereitung von Speisen. In beinahe jedem alten Buch aus der Toskana, gleich welchen Themas, stößt man früher oder später auf die Beschreibung eines Rezeptes oder Festmahls. Michelangelo, Raffael und andere toskanische Künstler der Renaissance haben bis heute nichts von ihrem Ruhm eingebüßt. In Vergessenheit geraten sind indes die Köche jener Zeit, obwohl sie einst die gleiche Wertschätzung genossen. Denn die Präsentation von Speisen bei festlichen Gelegenheiten galt damals als hohe Kunst. Diese Einschätzung erstreckte sich selbst auf das Schlachten und Häuten von Tieren. Und sogar die Töpfe und Pfannen wurden zu kunstvollen Objekten gestaltet, speziell abgestimmt auf das Gericht, das darin zubereitet werden sollte. Heute avancieren Köche zu Fernsehstars, Berühmtheiten aber waren sie schon immer.

Die italienische Küche schlechthin gibt es im Grunde nicht, bestand doch das Land bis 1860 noch aus 52 Einzelstaaten. Von fremden Einflüssen relativ unberührt blieb einzig die Toskana. So erklärt sich, warum unter den diversen regionalen Küchen Italiens die toskanische als besonders typisch gilt.

Mammas Rezepte habe ich das Buch nicht allein deshalb genannt, weil in Italien üblicherweise die Mutter in der Küche regiert. Den Köchen in meinem Restaurant sage ich immer: »Wenn du kochen kannst wie deine Mutter, bist du ein großer Küchenchef, kannst du kochen wie deine Großmutter, bist du noch besser.« Die Figur der Mutter ist für mich gleichbedeutend mit der schöpferischen Kraft. In fast allen Bereichen, von der Kunst bis zum Handel, hat Italien eine Vorreiterrolle gespielt. Als erste Bank der Welt wurde 1413 in Siena die Monte di Paschi gegründet. Sie arbeitete wie heute die Leihhäuser, wobei als Pfand einzig Rinder und Schafe akzeptiert wurden – übersetzt bedeutet ihr Name »Weidenhügel«. Oft fragen mich ausländische Studenten an der toskanischen Fachschule für das Gaststättengewerbe, warum alle berühmten Italiener – neben Michelangelo und Raffael etwa auch Leonardo da Vinci und Galileo Galilei – aus der Toskana stammen. Nun, die Toskaner sind nicht etwa klüger als die übrigen Italiener. Vielmehr liegt der Grund dafür in einem Gesetz von 1211, das für die Erstgeborenen in nicht von Feudalherren abhängigen Familien den Schulbesuch vorschrieb. In der übrigen Welt setzte sich diese Idee erst 500 Jahre später durch.

Als Gott die Erde erschuf, so eine Legende, blickte er auf Italien und sagte: »Eigentlich soll ich doch gerecht sein, und nun habe ich zweierlei Schlechtes getan. Dieser herrliche Stiefel im Mittelmeer stellt die restliche Welt in den Schatten, und noch dazu ist die Toskana der schönste Teil des Stiefels.« Um der Welt gegenüber doch noch Gerechtigkeit zu verschaffen, besiedelte er das übrige Italien mit den Italienern und die Toskana mit den Toskanern. Italien ist das Tor zum Himmel, die Toskana ist der Himmel selbst. Dass sie zugleich ein ganz normales Fleckchen Erde blieb, ist das Verdienst ihrer bescheidenen Menschen.

Alvaro Maccioni

SUPPEN

Das italienische Wort »zuppa« bezeichnet nicht immer nur Suppen, man denke nur an die bekannte Süßspeise namens »Zuppa inglese«. In der Toskana aber ist der Begriff eindeutig besetzt. Mittags essen wir erst Pasta und dann ein Hauptgericht. Abends gibt es immer eine Suppe und danach die Reste des Mittagessens, die auf unterschiedlichste Art und Weise verwertet werden. Wie aus der nachfolgenden Rezeptauswahl zu ersehen, kennt die toskanische Küche eine Vielzahl von Suppenvarianten. Wohl die berühmteste ist die »Ribollita« (Seite 12), die in jeder Gegend der Toskana etwas anders zubereitet wird. Gemeinsam ist allen Versionen dieser Gemüsesuppe mit Brot, dass sie aufgewärmt wird. So erklärt sich auch ihr Name: »bollire« bedeutet »kochen« und »ribollire« demnach »wieder kochen«.

Pappa col Pomodoro ▶

PAPPA COL POMODORO

Brotsuppe mit Tomaten

Über diese traditionelle Suppe könnte man ein eigenes Buch schreiben, variiert ihr Rezept doch von Stadt zu Stadt, ja sogar von Familie zu Familie. Bei uns kam sie freitags abends auf den Tisch, und zwar aus zwei Gründen: Erstens müssen gläubige Katholiken bekanntlich freitags auf Fleisch verzichten. Zweitens wurde am Samstagmorgen Brot für die gesamte kommende Woche gebacken, und die Reste wurden am siebten Tag in dieser Suppe verwertet. Oft wird *Pappa col Pomodoro* mit *Acquacotta* (Seite 18) verwechselt. Dabei handelt es sich jedoch um eine Brühe, während die hier vorgestellte Suppe recht dick und sättigend ist.

Für 4 Personen

600 g reife Tomaten, enthäutet, Samen entfernt und in Scheiben geschnitten
Olivenöl
Etwa 200 g altbackenes Weißbrot
Große, frische Basilikumblätter
1 Knoblauchzehe, gehackt
½ l Brühe oder Wasser
Salz und frisch gemahlener schwarzer Pfeffer

Zum Servieren:
Bestes Olivenöl
Frisch gemahlener schwarzer Pfeffer

Die Tomaten mit dem Öl, Brot, Basilikum und Knoblauch in einen Topf füllen. Die Brühe oder Wasser hinzugießen, salzen und pfeffern. Das Ganze aufkochen und unter häufigem Rühren etwa 45 Minuten köcheln lassen, bis sich das Brot mit den Tomaten zu einer weichen Mischung verbindet.

Die Suppe mit Salz abschmecken und sehr heiß servieren. Mit Olivenöl beträufeln und mit Pfeffer bestreuen.
(Foto Seite 9)

ZUPPA DI PATATE

Kartoffelsuppe

Kartoffeln waren die Leib- und Magenspeise meines Vaters. Extra für ihn backte meine Mutter süße Küchlein aus Kartoffeln. Die hier beschriebene Suppe bereitete sie im Lauf des Tages vor und füllte sie dann als Mittagessen für den nächsten Arbeitstag in eine Thermoskanne. Am besten eignet sich für dieses Rezept eine weißfleischige, fest kochende Kartoffelsorte.

Für 4 Personen

1 kg Kartoffeln
2 l Wasser
1 EL gehackte frische Petersilie
90 ml Olivenöl
500 g reife Tomaten, enthäutet und gehackt
1 Zwiebel, gehackt
1 Möhre, gehackt
1 Stange Bleichsellerie, gehackt
Salz und frisch gemahlener schwarzer Pfeffer

Zum Servieren:
Butter zum Braten
4 Scheiben altbackenes Weißbrot
Bestes Olivenöl

Die Kartoffeln schälen, in Stücke schneiden und in dem Wasser zum Kochen bringen. Inzwischen die Petersilie in dem Öl braten. Sobald das Kartoffelwasser kocht, Tomaten, Zwiebel, Möhre, Sellerie und die gebratene Petersilie hinzufügen. Alles erneut aufkochen, salzen und pfeffern. Zugedeckt etwa 1½ Stunden köcheln lassen.

Das Gemüse mit der Flüssigkeit über einem sauberen Topf durch ein Sieb streichen, alternativ mit dem Stabmixer oder in der Küchenmaschine beliebig fein pürieren. Die Suppe erneut aufkochen, mit Salz und Pfeffer abschmecken.

Unterdessen die Butter in einer Pfanne zerlassen und die Brotscheiben knusprig und goldbraun braten. In einzelne Suppenschalen je eine Scheibe Brot legen und die Suppe darüber schöpfen. Mit etwas Olivenöl beträufeln und sofort servieren.

GARMUGIA

Gemüsesuppe mit Hackfleisch und Pancetta

Erste Hinweise auf dieses Rezept datieren aus dem Jahr 900. Die Suppe schenkte erschöpften Pilgern auf ihren langen Reisen durch Europa neue Kräfte. In den Herbergen und Gasthäusern wurde sie in schlichten hölzernen Schalen aufgetischt, dazu gab es einen Kanten Brot. Aus der einstigen deftigen Kost wurde inzwischen eine Delikatesse, die in manch noblem Restaurant Italiens auf der Speisekarte steht. An ihrem nahrhaften, ursprünglichen Charakter hat sich jedoch nichts geändert.

Für 6 Personen

2 kleine Artischocken
Zitronensaft
4–6 Stangen Spargel (etwa 200 g)
Salz
250 g Mangold, in Streifen geschnitten
175 ml Olivenöl
2 Knoblauchzehen
1 Zwiebel, gehackt
1 Stange Lauch, gehackt
1 Stange Bleichsellerie, gehackt
1 Möhre, gehackt
100 g Pancetta, ersatzweise ungeräucherter Bauchspeck, gehackt
500 g Hackfleisch vom Rind
250 g ausgepalte frische Erbsen oder aufgetaute Tiefkühlerbsen
Frisch gemahlener schwarzer Pfeffer
3 l Gemüsebrühe

Zum Servieren:
6 Scheiben kerniges Weißbrot
Frisch geriebener Parmesan

Von den Artischocken die harten Außenblätter entfernen und wegwerfen. Die Spitzen der verbliebenen Blätter und die Fruchtspitze abschneiden – übrig bleiben jeweils der Stiel und drei Viertel zarte Blätter, die das Herz umschließen. Die Artischocken waschen, die Stiele schälen, die Köpfe längs in Segmente und diese quer in Scheiben schneiden, eventuell vorhandenes Heu entfernen. Etwa 30 Minuten in mit Zitronensaft gesäuertes Wasser legen, damit sie sich nicht dunkel verfärben.

Den Spargel in Salzwasser halb gar kochen und abgießen. Den Mangold waschen und in dem anhaftenden Wasser dünsten, bis er gerade eben zusammenfällt. Ausdrücken und fein hacken.

Das Olivenöl in einem großen Topf erhitzen. Knoblauch, Zwiebel, Lauch, Sellerie und Möhre ohne Farbe darin anbraten. Den Speck und anschließend das Hackfleisch zugeben und häufig rühren, bis das Hackfleisch krümelig auseinander fällt. Sobald das Fleisch kräftig gebräunt ist, die Artischocken, den Spargel, den Mangold und die Erbsen hinzufügen, salzen, pfeffern und mit einem Teil der Brühe vollständig bedecken. Etwa 1 Stunde köcheln lassen, dabei immer wieder etwas Brühe nachgießen, damit genügend Garflüssigkeit im Topf verbleibt.

Die restliche Brühe hinzufügen und die Suppe weitere 30 Minuten köcheln lassen.

Die Brotscheiben rösten und in einzelne Suppenschalen legen. Die Suppe mit Salz und Pfeffer abschmecken und über die Brotscheiben schöpfen.

Nach Belieben weiteren schwarzen Pfeffer darüber mahlen und mit Parmesan bestreuen.

RIBOLLITA

Aufgewärmte Gemüsesuppe

Wozu eine Anleitung, fragt man sich unweigerlich angesichts des Rezepttitels. Tatsächlich handelt es sich bei diesem traditionellen Gericht eigentlich um den aufgewärmten Rest der Gemüsesuppe vom Vorabend, ergänzt durch Brot und gutes Olivenöl. Die Antwort: Eine *Ribollita* schmeckt einfach so köstlich, dass man nicht warten sollte, bis einmal Suppe übrig bleibt. Als Zutaten eignen sich alle Gemüsesorten der Saison wie Zucchini, grüne Bohnen und Kartoffeln. Besonders typisch ist toskanischer Schwarzkohl, den man inzwischen auch hierzulande gelegentlich findet.

Für 4 Personen

500 g frische Cannellini-Bohnen, ausgepalt,
oder 250 g getrocknete Bohnenkerne
Salz
75 ml Olivenöl
1 Zwiebel, gehackt
1 Möhre, gehackt
1 Stange Bleichsellerie, gehackt
2 EL gehackte frische Petersilie
1 Prise gehackter frischer Thymian
1 kleines Stück frische Ingwerwurzel, geschält und gehackt
1–2 Stauden Schwarzkohl oder 225 g Grünkohl,
in Streifen geschnitten
225 g Wirsing, in Streifen geschnitten
1 mittelgroße Tomate, enthäutet und gehackt
Dünne Scheiben kerniges Weißbrot

Zum Servieren:
1 Zwiebel, fein gehackt
Bestes Olivenöl
Frisch gemahlener schwarzer Pfeffer

Getrocknete Bohnen über Nacht einweichen. Am nächsten Tag abgießen, abspülen und in reichlich frischem, kochendem Wasser in 1½ Stunden weich kochen. Frische Bohnen in reichlich kochendem Wasser in etwa 35 Minuten weich kochen. Die Bohnen erst gegen Ende der Garzeit salzen.

Die Bohnen mit dem Kochwasser durch ein nicht zu feines Sieb streichen, alternativ mit dem Stabmixer oder in der Küchenmaschine pürieren.

Das Öl in einem großen, schweren Topf erhitzen und Zwiebel, Möhre, Sellerie, Kräuter und Ingwer darin anschwitzen. Die beiden Kohlsorten hinzufügen und 10 Minuten dünsten.

Das Bohnenpüree und die Tomate einrühren, salzen, alles großzügig mit Wasser bedecken und 2 Stunden köcheln lassen.

Einen zweiten Topf mit Brot auslegen, einige Schöpfkellen Suppe einfüllen und mit Brot bedecken. Auf diese Weise fortfahren, bis Suppe und Brot aufgebraucht sind. Den Topfinhalt zugedeckt einige Stunden ruhen lassen.

Die Suppe wieder aufkochen. Vor dem Servieren mit einer fein gehackten Zwiebel bestreuen und mit einem kräftigen Schuss Olivenöl sowie frisch gemahlenem schwarzem Pfeffer vollenden.

ZUPPA DI MAGRO-GRASSO

Kräftige Gemüsesuppe ohne Fleisch

Durch einen Schleier von Regentropfen am Küchenfenster blicke ich in die neblige Hügellandschaft der Toskana, während meine Großmutter damit beschäftigt ist, diese köstliche Suppe zuzubereiten. Bis heute habe ich dieses Bild aus meiner Kindheit nicht vergessen. Der italienische Name der Suppe – übersetzt könnte sie »üppige Fastensuppe« heißen – spielt darauf an, dass sie außer Gemüse nur wenig Pancetta enthält, andererseits aber einen kräftigen Fleischgeschmack besitzt, da die Brühe mit einem Schinkenknochen gekocht wird.

Für 6 Personen

500 g frische Borlotti-Bohnen, ausgepalt, oder 250 g getrocknete Bohnenkerne
1 Schinkenknochen, gewaschen
Salz
50 g Pancetta, ersatzweise ungeräucherter Bauchspeck, gehackt
1 Zwiebel, gehackt
1 Stange Bleichsellerie, gehackt
1 Möhre, gehackt
2 Knoblauchzehen, gehackt
1 EL gehackte frische Petersilie
1 EL gehackter frischer Borretsch
300 g Schwarzkohl oder Grünkohl, in Streifen geschnitten
200 g geschälter Kürbis, Samen entfernt und gewürfelt
300 g reife Tomaten, enthäutet und gewürfelt, oder geschälte Dosentomaten
Frisch gemahlener schwarzer Pfeffer

Zum Servieren:
6 Scheiben kerniges Weißbrot
Bestes Olivenöl
Frisch gemahlener schwarzer Pfeffer

Getrocknete Bohnen über Nacht in reichlich kaltem Wasser einweichen. Am nächsten Tag abgießen, abspülen und mit dem Schinkenknochen in reichlich frischem, kochendem Wasser in etwa 1½ Stunden weich kochen. Frische Bohnen mit dem Schinkenknochen in reichlich kochendem Wasser in etwa 35 Minuten weich kochen. Die Bohnen erst gegen Ende der Garzeit salzen.

Etwa 30 Minuten vor Ende der Garzeit den Speck in einem großen, schweren Topf auslassen. Zwiebel, Sellerie, Möhre und Knoblauch mit den Kräutern darin weich dünsten.

Den Kohl einige Minuten blanchieren und mit dem Kürbis und den Tomaten zu der Speckmischung geben. Das Gemüse salzen und pfeffern und etwa 30 Minuten dünsten, dabei nach Bedarf etwas Bohnenkochwasser zufügen.

Wenn die Bohnen und die Gemüsemischung gar sind, den Schinkenknochen herausnehmen, alles zusammen in einen Topf füllen und weitere 20–25 Minuten köcheln lassen.

In einzelne Suppenschalen je eine Scheibe Brot legen und die Suppe darüber schöpfen. Mit Olivenöl beträufeln, schwarzen Pfeffer darüber mahlen und servieren.

MINESTRA DI FARRO

Bohnensuppe mit Dinkel

Historischen Aufzeichnungen zufolge kannten schon die alten Römer diese Suppe. Da die Kartoffel seinerzeit noch nicht den Weg nach Europa gefunden hatte, verwendete man als weitere sättigende Zutat Dinkel, eine Urform des Weizens, der wegen seiner besonderen Bekömmlichkeit wieder zunehmend an Beliebtheit gewinnt. Ganz gleich für welche Getreideart Sie sich entscheiden – diese herzhafte Suppe ist der ideale Energiespender für kalte Wintertage.

Für 6 Personen

250 g Dinkel oder andere Getreidekörner
250 g getrocknete Bohnenkerne
150 g Pancetta, ersatzweise ungeräucherter Bauchspeck, gehackt
1 Zwiebel, gehackt
1 Möhre, gehackt
1 Stange Bleichsellerie, gehackt
2 Knoblauchzehen
1 TL Tomatenmark, in etwas warmem Wasser verrührt
3 Schwarz- oder Grünkohlblätter, in Streifen geschnitten
2 l Wasser
Salz und frisch gemahlener schwarzer Pfeffer

Zum Servieren:
Bestes Olivenöl
Frisch gemahlener schwarzer Pfeffer

Den Dinkel über Nacht in reichlich kaltem Wasser quellen lassen. Die Bohnen großzügig mit Wasser bedecken und über Nacht einweichen.

Am nächsten Tag den Dinkel abgießen und in reichlich frischem Wasser mindestens 3 Stunden kochen. Die Bohnen abgießen und abspülen.

Den Speck einige Minuten in einem großen Topf auslassen. Zwiebel, Möhre und Sellerie mit den Knoblauchzehen darin anschwitzen, bis der Knoblauch Farbe angenommen hat. Den Knoblauch entfernen, das Tomatenmark einrühren und noch 5 Minuten dünsten.

Den Kohl mitgaren, bis er zusammenfällt. Die Bohnen und das Wasser dazugeben, aufkochen und 1½ Stunden köcheln lassen.

Den Dinkel abgießen, in die Suppe einrühren und diese noch etwa 15 Minuten köcheln lassen, sodass sich die Aromen gut verbinden. Mit Salz und Pfeffer würzen.

Die Suppe in einzelne Suppenschalen verteilen, mit Olivenöl beträufeln und schwarzen Pfeffer darüber mahlen.

ZUPPA DEI MORI

Kalte Gemüsesuppe

Nach den arabischen Eroberern Spaniens ist die »Maurensuppe« deshalb benannt, weil sie dem dort so populären Gazpacho sehr ähnelt. Meine Tante konnte sie wundervoll zubereiten, aber schließlich war sie als Frau eines Sizilianers auch die »Exotin« in unserer Familie, wie wir immer frotzelten. Und was wohl widerfuhr mir dann später? Ich heiratete eine Sizilianerin, und sie frischte meine Erinnerungen an dieses herrliche Sommergericht wieder auf. Die Suppe sollte möglichst einen Tag im Voraus zubereitet und eiskalt serviert werden.

Für 6 Personen

½ Salatgurke, geschält und gewürfelt
1 Fenchelknolle, in feine Scheiben geschnitten
1 Sellerieherz, gehackt
1 Romana-Salat, gehackt
4 Tomaten, enthäutet, Samen entfernt und gehackt
3 Möhren, längs geviertelt
3 Knoblauchzehen, gehackt
1 Zitrone, geschält und in feine Scheiben geschnitten
1 getrocknete rote Chilischote, gehackt
1 großes Bund frisches Basilikum
75 ml natives Olivenöl extra
Etwa 200 ml Wasser
Salz und frisch gemahlener schwarzer Pfeffer

Zum Servieren:
Bestes Olivenöl
Zitronensaft
Croûtons (nach Belieben)

Das gesamte Gemüse mit dem Knoblauch, der Zitrone samt dem aufgefangenen Saft, der Chilischote, dem Basilikum und dem Olivenöl im Mixer zu etwa 5 mm großen Stücken zerkleinern. Das Wasser zufügen, salzen, pfeffern und nochmals kurz mixen. In eine Terrine oder Servierschüssel füllen und bis zur Verwendung kalt stellen.

Die Suppe nach Geschmack mit Olivenöl und Zitronensaft beträufeln, nach Belieben mit Croûtons bestreuen und servieren.

ZUPPA DI POLLO

Hühnersuppe

Als Kind hielt ich diese Suppe für eine Art Medizin, denn ich bekam sie immer dann, wenn ich krank war. Bis heute ist sie für mich etwas Besonderes geblieben. Die Brühe wird häufig zur Zubereitung von Risotto verwendet.

Für 6 Personen

Für die Brühe:
1 Suppenhuhn (etwa 1,2 kg)
1 große Zwiebel
1 große Möhre
1 Stange Bleichsellerie
Salz

Außerdem:
75 ml Olivenöl
1 kleine Zwiebel, gehackt
1 kleine Möhre, gehackt
½ Stange Bleichsellerie, gehackt
Salz und frisch gemahlener schwarzer Pfeffer

Für die Brühe das Huhn mit dem Gemüse in einen großen, schweren Topf legen. Alles großzügig mit Wasser bedecken, salzen und aufkochen. Etwa 35 Minuten kochen, bis sich das Fleisch leicht von den Knochen löst.

Das Huhn aus dem Topf nehmen. Die Brühe abseihen und das Gemüse wegwerfen. Sobald man sich nicht mehr die Finger verbrennt, das Huhn enthäuten und entbeinen, das Fleisch sehr fein hacken.

Zur Fertigstellung der Suppe das Olivenöl in einem schweren Topf erhitzen und die Zwiebel mit der Möhre und dem Sellerie hellbraun anschwitzen.

Das Hühnerfleisch einrühren, kräftig würzen und mit der Hühnerbrühe bedecken. Die Suppe einmal aufwallen und noch einige Minuten köcheln lassen. Heiß servieren.

ACQUACOTTA

»Arme-Leute-Suppe«

Während des Krieges wurden landwirtschaftliche Erzeugnisse wie Holz, Oliven und Weintrauben in der Toskana mangels Benzin oft per Pferdekarren transportiert. Besonders erinnere ich mich an einen wortkargen Mann namens Melito. Wenn er eine Pause einlegte, tränkte er erst sein Pferd aus einem Eimer, in dem er sich dann eine Wassersuppe mit Brot als Mittagessen kochte. Heute steht diese Suppe auf der Speisekarte des bekannten Florentiner Restaurants Cuoco Lezzone. Nur um sie zu essen, bin ich bei diesem »Schmuddelkoch«, wie der deutsche Name des Restaurants lauten würde, ein häufiger Gast.

Für 4 Personen

75 ml Olivenöl
2 Zwiebeln, in feine Scheiben geschnitten
350 g rote oder gelbe Paprikaschoten, Samen und Scheidewände entfernt, die Schoten in Streifen geschnitten
2 Stangen Bleichsellerie, in Scheiben geschnitten
500 g reife Tomaten, enthäutet und püriert
Salz und frisch gemahlener schwarzer Pfeffer
1 l Wasser
4 Eier

Zum Servieren:
4 Scheiben kerniges Weißbrot
2 EL frisch geriebener Parmesan

Das Öl in einem schweren Topf erhitzen und die Zwiebeln darin glasig anschwitzen. Paprika und Sellerie 5 Minuten mitschwitzen. Die Tomaten einrühren, salzen, pfeffern und 20 Minuten köcheln lassen.

Das Wasser aufgießen, alles zum Kochen bringen und etwa 5 Minuten kochen.

Unterdessen in einer ausreichend großen Schüssel die Eier verquirlen, salzen und pfeffern. Die Brotscheiben rösten und in einzelne Suppenschalen legen.

Die Suppe zu den Eiern gießen und umrühren. Sobald die Eier nach 1–2 Minuten gestockt sind, die Suppe in die Schalen verteilen, mit Parmesan bestreuen und servieren.

ZUPPA PAESANA

Bäuerliche Gemüsesuppe mit Reis

Bei uns zu Hause gab es diese deftige und nahrhafte Suppe mit etwas Brot in der Wochenmitte. So konnte meine Mutter alle Gemüse- und anderen Reste, die bis dahin angefallen waren, gut verwerten. Die angegebenen Mengen reichen für vier ausgehungerte Tischgäste, und wenn der Magen noch nicht so laut knurrt, auch für ein paar mehr.

Für 4 Personen

450 g frische Cannellini- oder Borlotti-Bohnen, ausgepalt, oder 225 g getrocknete Bohnenkerne
¼ Kopf Wirsing
150 g frischer Spinat
6 Mangold- oder dunkle Kopfsalatblätter
50 g Prosciutto oder ungeräucherter Hinterschinken, gehackt
25 g frische Petersilie, fein gehackt
1 Knoblauchzehe, fein gehackt
1 Möhre, in feine Stifte geschnitten
1 Kartoffel, geschält und in feine Stifte geschnitten
1 Stange Bleichsellerie, in feine Stifte geschnitten
2 Scheiben Schweinebauch, gewürfelt
1 EL Tomatenmark, in etwas heißem Wasser verrührt
2 l Fleischbrühe
Salz und frisch gemahlener schwarzer Pfeffer
250 g Langkornreis
2 gehäufte EL frisch geriebener Parmesan

Getrocknete Bohnen mit kaltem Wasser bedecken und über Nacht einweichen. Abgießen, waschen und zweimal 10 Minuten in reichlich frischem Wasser kochen, dabei nach jedem Kochvorgang abgießen, waschen und mit frischem kaltem Wasser bedecken. Zuletzt einen fest schließenden Deckel auflegen und in etwa 1 Stunde weich köcheln lassen.

Frische Bohnen mit kaltem Wasser bedecken und in etwa 1 Stunde weich köcheln lassen.

Das Blattgemüse in feine Streifen schneiden, mit etwas Wasser in einen Topf füllen und in etwa 5 Minuten eben weich dünsten. Vom Herd nehmen, abkühlen lassen und anschließend kräftig ausdrücken.

Den Schinken mit der Petersilie und dem Knoblauch in einem großen, schweren Topf bei sanfter Hitze etwa 5 Minuten anschwitzen – das austretende Fett reicht völlig aus, zusätzliches Öl ist nicht erforderlich. Das Blattgemüse einrühren, dann das übrige Gemüse, den Schweinebauch und die Bohnen untermischen. Schließlich das Tomatenmark und die Brühe zufügen, aufkochen und zugedeckt etwa 2 Stunden köcheln lassen, bis die Suppe eine beinahe cremige Konsistenz annimmt.

Mit Salz und Pfeffer würzen. Den Reis gründlich einrühren und 15–20 Minuten in der Suppe garen. Den Topf vom Herd nehmen und den Parmesan einrühren. Die Suppe nach Belieben heiß oder kalt, aber nicht gekühlt servieren.

PASTA E CECI

Kichererbsensuppe mit Tagliatelle

Während dieses Gericht in italienischen Restaurants außerhalb des Landes selten angeboten wird, ist es in den Trattorien seiner Heimat ebenso verbreitet wie *Pasta e Fagioli* (rechts). Zudem gehört es zu den ältesten überlieferten Rezepten, denn es gibt Hinweise darauf, dass schon die alten Römer *Pasta e Ceci* aßen. Als Kind mochte ich keine Kichererbsen, heute dagegen liebe ich diese Suppe. Sie muss allerdings unbedingt mit Rosmarin zubereitet werden, kein anderes Gewürzkraut verleiht ihr den richtigen Geschmack.

Für 4 Personen

250 g getrocknete Kichererbsen
2 EL Olivenöl
2 Knoblauchzehen
1 frischer Rosmarinzweig
1 TL Tomatenmark, in 90 ml warmem Wasser verrührt
Salz
150 g Tagliatelle, in Stücke gebrochen

Die Kichererbsen über Nacht einweichen. Am nächsten Tag abseihen, gründlich abspülen und in reichlich frischem Wasser 35 Minuten kochen. Abgießen, dabei das Kochwasser auffangen.

In einem schweren Topf das Öl erhitzen, den Knoblauch darin goldbelb anschwitzen, den Rosmarin und das Tomatenmark zufügen.

Zwei Drittel der Kichererbsen durch ein Sieb streichen, alternativ mit dem Stabmixer oder in der Küchenmaschine pürieren. Mit den ganzen Kichererbsen in den Topf füllen, vermischen und salzen. Die Nudeln im sprudelnd kochenden Kichererbsenwasser *al dente* kochen, abseihen und unter die Kichererbsen mischen. Sofort servieren.

PASTA E FAGIOLI

Bohnensuppe mit Pasta

Bis heute ist diese Suppe für mich ein ganz besonderer Genuss, da sie früher immer an Festtagen zubereitet wurde. Meine Mutter verwendete dafür stets frische, hausgemachte Nudeln und nicht die sonst in Italien üblichen kleinen, kurzen Röhren; sie kamen 5 Minuten vor Ende der Garzeit in die Suppe. Am besten eignen sich Maccheroni.

Für 6 Personen

450 g frische Cannellini- oder Borlotti-Bohnen, ausgepalt, oder 225 g getrocknete Bohnenkerne
75 ml Olivenöl
4 Knoblauchzehen, gehackt
1½ l kaltes Wasser
1 EL Tomatenmark
Salz, frisch gemahlener schwarzer Pfeffer
3 Rosmarinzweige, zusammengebunden
325 g getrocknete oder frische kurze, dicke Nudeln

Getrocknete Bohnen 24 Stunden in kaltem Wasser einweichen. Abgießen, gründlich abspülen und 35 Minuten in frischem Wasser kochen. Abgießen und beiseite stellen.

Frische Bohnen in kochendem Wasser etwa 5 Minuten kochen.

Das Öl erhitzen und den Knoblauch darin kräftig anbräunen. Die Bohnen zufügen, umrühren, mit dem kalten Wasser bedecken, aufkochen und zugedeckt etwa 1½ Stunden köcheln lassen, bis sie weich sind.

Das Tomatenmark einrühren, salzen und pfeffern, den Rosmarin einlegen und die Suppe weitere 10 Minuten köcheln lassen. Die Nudeln einstreuen und bei Bedarf weiteres Wasser zufügen. Sobald die Nudeln gar sind, den Rosmarin entfernen und die Suppe sogleich servieren.

ANTIPASTI

In der Toskana herrscht ein optimales Klima für den Anbau von Gemüse, Mais und Früchten. So ist es kein Wunder, dass die meisten toskanischen Gerichte auf dem basieren, was die hiesigen Bauernhöfe traditionsgemäß hervorbringen: Gemüse, Olivenöl und Brot. Einer der Gründe für das äußerst umfangreiche kulinarische Repertoire dieser Region liegt in ihrer Geografie: Sie umfasst Küstenstreifen ebenso wie Berge, Täler und Ebenen. Noch vor dem Einzug der modernen Landwirtschaftstechniken in Europa konnte hier also alles Mögliche gedeihen.

La Schiacciata (Rezept Seite 38) ▶

FOCACCIA

Focaccia (Fladenbrot)

Focaccia ist der ursprüngliche Name für Brot, und es ist das Brot, das in der Toskana zum Frühstück gegessen wird, einfach so. Es kann aber auch aufgeschnitten, wie ein Sandwich gefüllt und zum Mittagessen gereicht werden. Als Kind habe ich diese Fladen ganz besonders gern gemocht. Übrigens hieß die Pizza ursprünglich *Focaccina* und lehnte sich in der Zubereitung an das ungesäuerte und ungewürzte Brot der Araber an. Während der Maurenherrschaft kamen die Italiener auf die Idee, die Fladen schmackhafter zu machen. Da Kolumbus allerdings noch nicht Amerika entdeckt hatte, waren Tomaten im Abendland noch unbekannt. So aromatisierte man den Teig mit Olivenöl, Salz, Rosmarin, Salbei und dergleichen mehr. Nach der Einführung der »Paradiesäpfel« in Italien Anfang des 18. Jahrhunderts kam eine Sauce aus Knoblauch, Oregano, Kapern, Knoblauch und eben Tomaten auf. Auf die ungesäuerten Fladen gestrichen, verlieh die *Pizzaiola*, wie sie heute heißt, diesen einen aromatisch-herzhaften Geschmack. Eine ordentliche *Focaccia* habe ich außerhalb Italiens bisher nie gegessen. Eines Tages wird sie in irgendeinem Ristorante gelingen – und die Gäste werden sich beschweren, weil sie leider inzwischen auf die feuchte, hefegeblähte Variante geeicht sind.

Ergibt 16 Stück

450 g feiner Weizengrieß
350 g Weizenmehl
50 g frische Presshefe oder 60 g Trockenhefe
2 TL grobes Salz
Etwa 450 ml lauwarmes Wasser (die exakte Menge hängt von der Hefequalität ab)

Zum Servieren:
Bestes Olivenöl
Feines Meersalz

Grieß und Mehl vermengen (oder auch 800 Gramm Mehl verwenden), auf eine Arbeitsfläche häufen und in die Mitte eine Mulde drücken. Die Hefe mit dem Großteil des Salzes in 225 ml lauwarmem Wasser auflösen, die Mischung in die Mulde gießen und zunächst mit einem Holzlöffel mit wenig Mehl vom Rand verrühren, bis ein ziemlich dickflüssiger Teig entsteht. In dem restlichen Wasser weiteres Salz auflösen, in die Mulde gießen und mit dem Holzlöffel weiteres Mehl einarbeiten, bis sich ein Teigkloß formt. Diesen mit den Handballen kneten und immer wieder zusammendrücken, dabei so viel Mehl einarbeiten, bis nur noch eine Hand voll auf der Arbeitsfläche verbleibt.

Den Teig in 16 Portionen teilen. Das verbliebene Mehl – es verhindert ein Ankleben des Teigs – auf der Arbeitsfläche verteilen, die Teigstücke darauf jeweils 30 Sekunden kneten und zu einer Rolle formen. Die Rollen auf Tabletts legen, mit sauberen Küchentüchern abdecken, an einen warmen, zugfreien Ort stellen und etwa 1 Stunde auf das Doppelte ihres Volumens aufgehen lassen.

Die Stücke nacheinander zu höchstens 5 mm dicken Fladen ausrollen. Nochmals zwischen Küchentüchern wie zuvor 1 Stunde auf das Doppelte aufgehen lassen.

Unterdessen den Backofenrost in die mittlere Schiene schieben und, sofern vorhanden, mit unglasierten Terrakottafliesen auslegen. Den Backofen auf 200 °C vorheizen. Sie können die Fladen auch auf einem Pizzastein (spezieller Stein zum Backen im Ofen) oder einem gusseisernen Blech backen.

Die Fladen mit dem restlichen Salz bestreuen und, je nach Möglichkeit, einzeln oder mehrere gleichzeitig auf jeder Seite 4–5 Minuten knusprig backen.

Noch heiß mit Olivenöl beträufeln, mit feinem Salz bestreuen und sofort servieren.

LE CIACCE FRITTE

Gebratene Brotfladen

In der Toskana isst man gern heißes Brot. Ich erinnere mich noch, wie ich als kleiner Junge eines Morgens Tränen vergoss, weil ich kein normales Pausenbrot in die Schule mitnehmen mochte. Also bereitete mir meine Mutter diese *Ciacce fritte* und packte sie mir dampfend heiß ein. Die kleinen Fladen lassen sich gut durchschneiden und mit Schinken oder Salami füllen. Aber auch mit Zucker bestreut, schmecken sie sehr lecker.

Brotteig (siehe *Focaccia*, Seite 24)
Olivenöl zum Braten
Salz oder Zucker zum Bestreuen

Den Teig zu runden, etwa 3 mm dicken Fladen in der Größe der Pfanne ausrollen (die sich ergebende Stückzahl richtet sich also nach der Größe der Pfanne).

Reichlich Öl in die Pfanne gießen und stark erhitzen. Die Fladen darin goldgelb braten, mit Salz oder Zucker bestreuen und servieren.

TORTA DI CARCIOFI

Gebackenes Artischockenomelett

Fleisch gab es früher bei uns einmal, höchstens zweimal in der Woche. Wenn Artischocken Saison hatten, wurden sie auf vielerlei Weisen zubereitet, unter anderem nach dem hier vorgestellten Rezept. Ein solches Omelett eignet sich vorzüglich zum Füllen von *Focaccia* – köstlich bei einem Picknick! Ich liebe diese Art von Omelett, die man ebenso mit Zucchini, gekochten Karden oder Auberginen zubereiten kann.

Für 6 Personen

12 möglichst zarte Artischocken
Zitronensaft
4 Knoblauchzehen, angedrückt
90 ml Olivenöl
2 EL gehackte frische Petersilie
5 Eier, verquirlt
Salz und frisch gemahlener schwarzer Pfeffer

Von den Artischocken die harten Außenblätter entfernen und wegwerfen. Die Spitzen der verbliebenen Blätter und die Fruchtspitze abschneiden – übrig bleiben jeweils der Stiel, das Herz und drei Viertel zarte Blätter. Die Stiele sorgfältig schälen und die Artischocken längs in feine Scheiben schneiden, eventuell vorhandenes Heu entfernen. Etwa 30 Minuten in mit Zitronensaft gesäuertes Wasser legen, damit sie sich nicht dunkel verfärben.

Den Backofen auf 200 °C vorheizen. Den Knoblauch in dem Öl goldgelb anschwitzen, wieder entfernen und die Artischockenscheiben hineingeben. Sobald sie gar sind, mit der Petersilie bestreuen.

Die Artischocken mit dem Fond in eine ofenfeste Form legen. Die Eier mit einem Löffel gleichmäßig darüber verteilen, salzen und pfeffern. Die Form für etwa 15 Minuten in den Ofen schieben, bis die Eimasse gestockt, aber noch nicht völlig trocken ist.

TORTA DI CARCIOFI ▶

CROSTINI CON FEGATINI DI POLLO

Crostini mit Hühnerlebercreme

Jede toskanische Hausfrau hat diese *Crostini* in ihrem Repertoire. Bei einem sonntäglichen Mittagessen mit Gästen und bei Familienfesten sind sie als Appetithappen geradezu ein Muss. In der Toskana übertreffen sie als Antipasto sogar noch die *Bruschetta* oder Salami an Beliebtheit. Natürlich gibt es diverse Variationen, Hühnerleber aber ist der absolute Favorit für den Belag. Die ideale Brotunterlage bildet *Frusta*, doch eignet sich auch ein anderes Stangenweißbrot mit kerniger Krume und glänzender, krosser Kruste.

Für 8 Personen

90 ml Olivenöl
1 Stange Lauch, nur das Weiße, fein gehackt
2 Stangen Bleichsellerie, fein gehackt
300 g Hühnerlebern, küchenfertig vorbereitet, gewaschen und in Stücke geschnitten
Salz und frisch gemahlener schwarzer Pfeffer
200 ml trockener Weißwein
150 g Kapern, abgespült und fein gehackt
Hühnerbrühe
Kleine Scheiben kerniges Weißbrot oder *Frusta*, geröstet

Den Großteil des Öls in einer Pfanne erhitzen und den gehackten Lauch mit dem Sellerie darin goldgelb andünsten. Die Hühnerleberstücke zufügen, salzen und pfeffern und einige Minuten braten. Mit dem Wein ablöschen und dabei mit einem Holzlöffel den Bratsatz lösen.

Wenn der Wein verdampft ist, die Kapern einrühren und alles noch 15 Minuten unter ständigem Rühren garen. Dabei gelegentlich etwas heiße Brühe zufügen – die Mischung darf nicht austrocknen, sollte aber auch nicht zu flüssig sein.

Die Pfanne vom Herd ziehen, die Hühnerleber herausnehmen und fein hacken. Mit dem restlichen Öl zurück in die Pfanne geben und alles bei niedrigster Hitze unter Rühren köcheln lassen, bis eine dicke, cremige Masse entsteht.

Die Brotscheiben damit bestreichen und möglichst heiß servieren.

POLENTA DI FAGIOLI E CAVOLO

Polenta mit Bohnen und Kohl

Dieses äußerst nahrhafte Gericht stand bei uns im Winter freitags auf dem Speiseplan. Es verleiht ein herrliches Wärme- und Sättigungsgefühl, danach bleibt der Magen lange friedlich.

Für 6 Personen

400 g frische Cannellini- oder Borlotti-Bohnen, ausgepalt, oder 200 g getrocknete Bohnenkerne
50 g ungeräuchertes Bauchfleisch vom Schwein oder durchwachsener Speck
1,4 l Wasser
Salz
50 g Schmalz
1 Zwiebel, gehackt
1 Möhre, gehackt
1 Stange Bleichsellerie, gehackt
1 Stange Lauch, nur das Weiße, gehackt
1 Bouquet garni aus frischem Thymian, Petersilie, Basilikum und Rosmarin
300 g Schwarz- oder Grünkohl, gehackt
1 EL Tomatenmark, in 125 ml warmem Wasser verrührt
Frisch gemahlener schwarzer Pfeffer
500 g Polenta (Maisgrieß)

Getrocknete Bohnen über Nacht in reichlich kaltem Wasser einweichen. Am nächsten Tag abgießen, abspülen und mit dem Bauchfleisch oder Speck in dem frischen, kochenden Wasser in etwa 1½ Stunden weich kochen. Frische Bohnen mit dem Bauchfleisch oder Speck in dem frischen, kochenden Wasser in etwa 35 Minuten weich kochen. Die Bohnen erst gegen Ende der Garzeit salzen.

Das Schmalz zerlassen und die Zwiebel, die Möhre, den Bleichsellerie und den Lauch zusammen mit dem Bouquet garni darin weich dünsten und nach etwa zwei Dritteln der Garzeit zu den Bohnen geben. Den Kohl und das Tomatenmark zufügen und nach Bedarf mit Salz und Pfeffer würzen. Das Ganze zugedeckt noch etwa 10 Minuten köcheln lassen, bis das Gemüse gar ist. Zuletzt das Bauchfleisch oder den Speck entfernen.

Die Polenta langsam einstreuen und weitere 45 Minuten kochen, dabei häufig mit einem Holzlöffel rühren, damit sich keine Klümpchen bilden.

Die Polenta nach Belieben heiß, warm oder kalt servieren. Nach dem Erkalten erstarrt, lässt sie sich gut in Scheiben schneiden und in Öl braten.

FRITTATA CON PANCETTA

Omelett mit Pancetta

Ausgesprochen beliebt ist dieses einfache Omelett auch als Füllung für *Focaccia* (Seite 24).

Für 4 Personen

6 Eier
Salz und frisch gemahlener schwarzer Pfeffer
400 g Pancetta oder Frühstücksspeck, gewürfelt
1 EL Olivenöl

Die Eier in eine Schüssel aufschlagen und mit Salz und Pfeffer nach Geschmack verquirlen.

Den Speck in einer Pfanne auslassen und mit den Eiern übergießen. Bei mittlerer Temperatur stocken, aber nicht bräunen lassen, dann das Omelett wenden und die zweite Seite genauso braten.

Auf eine Servierplatte gleiten lassen, wie eine Torte aufschneiden und sogleich servieren.

FRITTATA DI BIETOLE

Mangoldomelett

In Italien spielt das Mittagessen eine wichtige Rolle. Vor allem wenn es üppiger ausgefallen ist, gibt es abends nur eine Kleinigkeit, beispielsweise ein Omelett, oder wenn es schon später ist, eine Pizza. Mangold ist eine klassische Zutat für gefüllte Pasta, inzwischen hat der Spinat diesem Gemüse aber den Rang abgelaufen.

Für 4 Personen

400 g Mangold
2 EL Olivenöl
Salz und frisch gemahlener schwarzer Pfeffer
6 Eier
50 g Schinken, je zur Hälfte mager und fett, gehackt

Den Mangold vorbereiten: Den Wurzelansatz mitsamt den harten Stielenden entfernen. Die Blätter in große Stücke schneiden, waschen und in dem anhaftenden Wasser etwa 8 Minuten dünsten. Abseihen und ausdrücken. Das Olivenöl in einer Pfanne erhitzen und den Mangold zufügen, salzen und pfeffern.

Unterdessen die Eier in einer Schüssel mit etwas Salz und Pfeffer verquirlen. Den Schinken einrühren.

Sobald der Mangold richtig heiß ist, die Eier darüber gießen. Bei mittlerer Temperatur stocken lassen, dann das Omelett wenden und die zweite Seite genauso braten.

Auf eine Servierplatte gleiten lassen, wie eine Torte aufschneiden und sogleich servieren.

FRITTATA ALLA CONTADINA

Eierkuchen in Tomatensauce

Auf diese Weise bereitete meine Mutter sehr häufig Eierkuchen zu. Besonders gern mochte ich sie, wenn sie in *Focaccia* (Seite 24) gefüllt wurden.

Für 4 Personen

6 Eier
1 EL Mehl
Salz und frisch gemahlener schwarzer Pfeffer
1 EL Olivenöl

Für die Sauce:
2 EL Olivenöl
1 Zwiebel, fein gehackt
1 Möhre, fein gehackt
1 Stange Bleichsellerie, fein gehackt
1 EL gehackte frische Petersilie
300 g reife Tomaten, enthäutet, Samen entfernt und püriert
Salz und frisch gemahlener Pfeffer

Für die Sauce das Öl in einer Pfanne erhitzen und die Zwiebel, die Möhre, den Sellerie und die Petersilie darin anschwitzen. Die Tomaten zufügen, salzen und pfeffern und die Sauce 15 Minuten köcheln lassen.

Die Eier in einer Schüssel mit dem Mehl und etwas Salz und Pfeffer verquirlen.

Etwas Öl in einer zweiten, sauberen Pfanne erhitzen. Die Eiermasse einfüllen und wie ein Omelett von beiden Seiten braten. Den fertigen Eierkuchen auf einen Teller gleiten lassen und, sobald er etwas abgekühlt ist, in Quadrate schneiden.

Die Stücke in die Tomatensauce geben, vorsichtig darin wenden, damit sich die Aromen verbinden, und sogleich servieren.

Oder: Keine Tomatensauce kochen, sondern die Eiermasse über die angeschwitzten Tomatenstücke gießen und zu einem unzerteilten Eierkuchen braten.

TORTA DI CECI

Kichererbsenfladen

Eine Spezialität meiner Großmutter, die mein Großvater besonders mochte. Er schnitt den Fladen jedes Mal in lauter kleine Stücke – nur eines ließ er groß – und sagte dann: »Bescheidenheit ist eine Zier, doch weiter kommt man ohne ihr.« So sicherte er sich immer den größten Anteil.

Kalt wie warm, nach Belieben zuletzt nochmals gesalzen, schmeckt der Kuchen gleichermaßen gut. Das Kichererbsenmehl ist in Asia-Lebensmittelläden zu bekommen.

Für 6 Personen

250 g Kichererbsenmehl
Knapp 1 l Wasser
100 ml Olivenöl
Salz und frisch gemahlener schwarzer Pfeffer

In einer Schüssel das Mehl im Wasser verrühren und 1 Stunde quellen lassen.

Den Backofen auf 180 °C vorheizen. Die Mehlmischung mit einer Palette umrühren, anschließend das Öl und eine kräftige Prise Salz untermischen.

Eine flache, ofenfeste Form mit Öl ausstreichen – sie soll so hoch sein, dass der Teig sie 5 mm hoch ausfüllt. Die Kichererbsenmischung hineingießen und 25–30 Minuten backen, bis der Kuchen goldgelb gebräunt ist. Schwarzen Pfeffer darüber mahlen, in Stücke schneiden und servieren.

VERDE FRITTO

Ausgebackenes Gemüse

Braten und Frittieren sind beliebte Zubereitungsarten der Florentiner Küche. In diesem Fall werden verschiedene Gemüsesorten erst durch einen dünnen Teig gezogen und dann in Olivenöl ausgebacken. In die Tischmitte gestellt, bieten sie eine köstliche Vorspeise, zum Beispiel vor einem Pastagericht. Wenn auf einer italienischen Speisekarte *Fritto misto* angeboten wird, sollte es sich eigentlich nur um Gemüse handeln, sofern nicht ausdrücklich *Fritto misto di Carne* (Fleisch) oder *di Pesce* (Fisch) dort steht. Um jeden Zweifel auszuräumen, habe ich hier den italienischen Namen abgeändert.

Für 6 Personen

6 kleine Artischocken
Zitronensaft
6 Kürbis- oder Zucchiniblüten
6 kleine Zucchini
2 Eier
225 g Weizenmehl
1 EL Milch
Salz und frisch gemahlener schwarzer Pfeffer
Olivenöl zum Frittieren

Von den Artischocken die harten Außenblätter entfernen und wegwerfen. Die Spitzen der verbliebenen Blätter und die Fruchtspitzen abschneiden. Die Artischocken waschen, die Stiele schälen und die Köpfe längs in Segmente schneiden, eventuell vorhandenes Heu entfernen. Etwa 30 Minuten in mit Zitronensaft gesäuertes Wasser legen, damit sie sich nicht dunkel verfärben.

Aus den Kürbis- oder Zucchiniblüten vorsichtig die Stempel entfernen, die Stiele längs halbieren.

Die Zucchini ebenfalls längs halbieren, die Samen entfernen und das Fruchtfleisch in 5 mm dicke und etwa 5 cm lange Stifte schneiden.

Aus den Eiern, dem Mehl, der Milch, Salz und Pfeffer einen flüssigen Backteig rühren. Reichlich Öl stark erhitzen – ein Würfel altbackenes Brot sollte in etwa 30 Sekunden gebräunt sein.

Die verschiedenen Gemüsesorten am besten separat verarbeiten und das Öl nach jedem Durchgang erneut erhitzen. Die Gemüsestücke in den Teig tauchen und unter sanftem Schütteln abtropfen lassen. Portionsweise in das heiße Öl einlegen und in einigen Minuten goldbraun und knusprig ausbacken. Zum Abtropfen auf Küchenpapier legen und warm stellen, bis alles Gemüse verarbeitet ist.

LA SCHIACCIATA

Brotfladen mit Salbei und Rosmarin

Wenn es früher *Schiacciata* gab, war dies für Kinder meist ein besonderer Freudentag, denn extra für sie wurden zusätzlich einige kleine Fladen in süßer Ausführung gebacken. Man nehme einfach Zucker und Sultaninen anstelle von Salz und Kräutern, und schon sind nicht nur kleine Naschmäuler glücklich. In den Bars von Florenz bekommt man heute süße *Schiacciate* zum Kaffee.

Ergibt 1 Brotfladen

1 kg Fladenteig (siehe *Focaccia*, Seite 24)
Frische Rosmarin- oder Salbeiblätter
Meersalz
Bestes Olivenöl

Den Backofen auf 200 °C vorheizen.

Den Teig auf einer Arbeitsfläche mit den Fingerspitzen flach drücken, sodass ein runder, etwa 1 cm dicker Fladen entsteht.

Auf ein leicht gefettetes Backblech legen, mit Rosmarin oder Salbei und Salz bestreuen und mit etwas Öl beträufeln. Etwa 20 Minuten backen.

(Foto Seite 23)

PANZANELLA

Tomaten-Brot-Salat

Wie ließe sich ein heißer Sommertag besser genießen als im Schatten eines großen Feigenbaumes, auf Holzbänken um einen runden Tisch sitzend, in dessen Mitte eine Schüssel mit diesem herrlichen Salat steht. Er liefert ein ebenso anschauliches wie verlockendes Beispiel für die Verwendung von Brot in der toskanischen Küche. Dort bereichert es Suppen, Pastasaucen oder auch – wie hier – einen Salat.

Am besten eignet sich in diesem Fall *Ciabatta*, ein kleines, rundliches italienisches Weißbrot, das inzwischen auch in vielen Bäckereien hierzulande angeboten wird. Es sollte unbedingt vom Vortag sein.

Für 4 Personen

5 reife Tomaten
5 Scheiben altbackene Ciabatta, gewürfelt
½ Salatgurke, geschält und in Scheiben geschnitten
5 Frühlingszwiebeln, in Scheiben geschnitten
1 Bund frisches Basilikum
1 EL Weinessig
3 EL natives Olivenöl extra
Salz und frisch gemahlener schwarzer Pfeffer

Die Tomaten vierteln, die Samen entfernen und in einer Schüssel mit den Brotwürfeln vermischen, bis das Brot die gesamte Flüssigkeit aufgenommen hat. Eventuell noch etwas Wasser zufügen.

Das Tomatenfruchtfleisch grob schneiden. Mit der Gurke, den Frühlingszwiebeln und den Basilikumblättern in eine Schüssel füllen.

Das Brot ausdrücken, falls es allzu feucht ist, und ebenfalls in die Schüssel geben.

Den Salat mit dem Essig und Öl beträufeln, salzen und pfeffern, durchmischen und servieren.

PEPERONATA

Paprika-Tomaten-Ragout

Ein kulinarischer Dauerbrenner, den meine Mutter als Pastasauce, als Beilage zu Kalbfleisch und Huhn oder auch als Füllung für *Focaccia* (Seite 24) verwendete. *Peperonata* hält sich im Kühlschrank 3–4 Tage.

Für 4 Personen

225 ml Olivenöl
6 Knoblauchzehen, halbiert
1 große Zwiebel, gehackt
350 g roher, ungeräucherter Schinken, in Streifen geschnitten
6 große Paprikaschoten, grün, rot und gelb
1 Möhre, fein gehackt
900 g Tomaten, enthäutet, Samen entfernt und gehackt
Salz
Paprikapulver
1 TL Zucker

Den Elektrogrill auf höchster Stufe vorheizen.

Inzwischen das Öl in einer Pfanne erhitzen und den Knoblauch mit der Zwiebel darin ohne Farbe anschwitzen. Den Schinken untermischen.

Die Paprikaschoten unter dem Grill rösten, bis die Haut schwarz wird und Blasen wirft. In kaltes Wasser tauchen und, sobald man sich nicht mehr die Finger verbrennt, die Haut mit Küchenpapier abreiben. Oder die heißen Schoten in einem Plastikbeutel schwitzen lassen, danach lässt sich die Haut ganz leicht abziehen.

Die Paprikaschoten längs aufschneiden, die Samen und Scheidewände entfernen und das Fruchtfleisch in Streifen schneiden. Die Schoten in die Pfanne geben, gründlich durchmischen und 5 Minuten dünsten.

Die Möhre und die Tomaten zufügen, mit Salz, Paprikapulver und Zucker würzen. Leise köcheln lassen, bis ein dickes Ragout entsteht. In einer Terrakottaschüssel serviert, wirkt dieses Gemüse besonders ansprechend. Nach Belieben kann das Ragout mit schwarzen Oliven garniert werden.

GEMÜSE

Die Küche der Toskana richtet sich stark nach den Jahreszeiten. Niemals käme hier zu Weihnachten Spargel auf den Tisch. Denn die Menschen in meiner Heimat glauben, dass Gemüse einen göttlichen Funken in sich trägt, der aber nur dann wirklich leuchtet, wenn es im Einklang mit den Jahreszeiten gereift, geerntet und zubereitet ist. So übernehmen im Winter, wenn die Auswahl an frischen Erzeugnissen spärlich ist, getrocknete Hülsenfrüchte wie Bohnen, Linsen und Erbsen einen wichtigen Part. In meiner Kindheit während der Kriegsjahre wurden wir zu wahren Gemüseessern, weil es kaum etwas Anderes gab. Um dennoch Abwechslung zu schaffen, ersannen wir immer wieder neue Zubereitungsarten für Gemüse. Beinahe jede Familie besaß einen Garten, in dem Blumen natürlich eine Randerscheinung waren, da er ja vor allem als überlebenswichtiger Nahrungsmittellieferant diente. Einige der nachfolgend präsentierten Gerichte eignen sich auch als Begleiter zu Pasta, etwa Stufato di Piselli (Seite 48) und Fagiolini alla Fiorentina (Seite 46).

CIME DI RAPE SALTATE (Rezept Seite 48) ▶

CIPOLLE ALLA GROSSETANA

Zwiebeln mit Fleischfüllung

In meiner Kindheit verabscheute ich Zwiebeln, doch dieses Gericht belehrte mich eines Besseren. Als begeisterter Fleischesser, der ich damals war, meinte ich doch tatsächlich bei meiner ersten Kostprobe, eine Art Frikadelle auf dem Teller zu haben. Zugegeben, der Geschmack schien zwar etwas ungewohnt, war aber gleichzeitig unwiderstehlich. Seinerzeit mussten die gefüllten Zwiebeln als Hauptgericht genügen, heute werden sie dagegen als Beilage serviert.

Für 4 Personen

8 Zwiebeln
Salz
15 g getrocknete Steinpilze
25 g Butter
100 g Hackfleisch vom Kalb
100 g Salsiccia (milde italienische Schweinswurst), enthäutet
1 Ei
Frisch gemahlener Pfeffer
Frisch geriebene Muskatnuss

Die Zwiebeln schälen, etwa 10 Minuten in kochendem Salzwasser garen und abgießen. Die Kappen abschneiden, vorsichtig zwei Drittel des Inneren mit einem Löffel herauslösen und fein hacken, die Hüllen beiseite legen.

Unterdessen die Pilze einige Minuten in lauwarmem Wasser einweichen, abgießen und dabei das Wasser auffangen. Die Pilze ausdrücken – wieder das Wasser auffangen – und hacken.

Die Butter in einer Pfanne zerlassen und die Pilze darin braten. Einen Esslöffel des Pilzwassers zufügen, nach einigen Minuten das Hackfleisch und das Wurstbrät einrühren und etwa 10 Minuten braten, bis das Hackfleisch krümelig auseinander fällt und eine graue Farbe angenommen hat.

Den Pfanneninhalt in eine Schüssel geben und mit den gehackten Zwiebeln, dem Ei, Salz und Pfeffer sowie etwas Muskatnuss vermengen. Die Mischung in die Zwiebelhüllen füllen.

Einen ausreichend großen, schweren Topf mit Öl ausstreichen, die Zwiebeln nebeneinander hineinsetzen und mit einem Schöpflöffel heißem Wasser, dem das restliche Pilzwasser zugefügt wurde, übergießen. Zugedeckt 10 Minuten dünsten, dabei gelegentlich mit dem Fond befeuchten.

FAGIOLINI ALLA FIORENTINA

Florentinische grüne Bohnen

Mit Kartoffeln und Tomaten konnte man meinen Vater jederzeit begeistern. Daher liebte er dieses Gemüsegericht, denn er wusste, dass meine Mutter aus den Resten eine wunderbare Pastasauce zubereitete. Dafür schwitzte sie Knoblauch in wenig Olivenöl an und dünstete darin enthäutetes, gehacktes Tomatenfruchtfleisch mit den klein geschnittenen Bohnenresten.

Für 4 Personen

150 g grüne Bohnen
Salz
90 ml Olivenöl
1 Zwiebel, gehackt
½ TL gemahlene Fenchelsamen
1 EL Tomatenmark, in etwas lauwarmem Wasser verrührt

Die Bohnen putzen und bis zur weiteren Verarbeitung etwa 20 Minuten in Wasser legen – so werden sie schön knackig. Abgießen und 10 Minuten in kochendem Salzwasser garen, anschließend wieder abgießen.

Das Öl in einem schweren Topf erhitzen und die Zwiebel mit den Fenchelsamen darin mit Farbe anschwitzen. Das Tomatenmark zufügen und die Zwiebel noch 3–4 Minuten köcheln lassen.

Die abgetropften Bohnen einrühren, nach Geschmack salzen und 15 Minuten zugedeckt dünsten.

FAGIOLI ALL'UCCELLETTO

Weiße Bohnen mit Tomaten und Salbei

Die Toskaner sind die passioniertesten Jäger im ganzen Land. Ihre Unsitte, auch Kleinvögel – *uccelletti* – aufs Korn zu nehmen, hat sich etwas gelegt. An die traditionelle Zubereitung der gefiederten Jagdtrophäen mit Salbei erinnert noch dieses Gericht, eine der berühmtesten unter den so zahlreichen Zubereitungsarten für Bohnen.

Für 4 Personen

1 kg frische Cannellini- oder auch Borlotti-Bohnen oder 450 g getrocknete Bohnenkerne
Salz
90 ml Olivenöl
3 Knoblauchzehen, zerdrückt
Einige frische Salbeiblätter
Frisch gemahlener Pfeffer
350 g reife Tomaten, enthäutet, Samen entfernt und püriert

Getrocknete Bohnen 6–7 Stunden oder über Nacht in kaltem Wasser einweichen. Abgießen, abspülen, in reichlich frischem, kochendem Wasser in 1–1½ Stunden weich kochen und abseihen. Frische Bohnen auspalen, in kochendem Wasser 25–30 Minuten garen und abseihen. Die Bohnen erst gegen Ende der Garzeit salzen.

Das Öl in einem Topf erhitzen und den Knoblauch darin mit einigen Salbeiblättern und etwas frisch gemahlenem Pfeffer goldgelb anschwitzen. Die Bohnen und die Tomaten zufügen und alles zusammen 10 Minuten köcheln lassen.

Vor dem Servieren nochmals mit Salz und Pfeffer abschmecken.

FAGIOLI ALLA FIORENTINA

Bohnentopf mit Tomaten und Speck

Dieses Gericht lernte ich bei Signora Guidotti kennen, einer Nachbarin, die das prächtigste Haus des Ortes bewohnte. Da ihre Tochter eine Altersgenossin von mir war, lud sie mich öfters zum Essen ein. In dieser Familie wurde so anders gekocht als bei uns zu Hause, dass ich mir beinahe vorkam wie in einer fremden Welt.

Für 4 Personen

1 kg frische Cannellini-Bohnen oder 450 g getrocknete Bohnenkerne
2 Knoblauchzehen, gehackt
1 Stange Lauch, nur das Weiße, gehackt
350 g frische Tomaten, enthäutet, Samen entfernt und gehackt
100 g ungeräucherter Bauchspeck oder durchwachsener Speck, grob gehackt
Salz und frisch gemahlener Pfeffer

Getrocknete Bohnen in reichlich kaltem Wasser 6–7 Stunden oder über Nacht einweichen und abseihen, frische Bohnen auspalen.

Den Backofen auf 200 °C vorheizen.

Die Bohnen mit dem Knoblauch, dem Lauch, den Tomaten und dem Speck in eine ofenfeste Kasserolle füllen. Salzen und pfeffern und mit frischem kaltem Wasser bedecken. Den Topf verschließen und die Bohnen im Ofen mindestens 1½ Stunden garen – sicherheitshalber probieren.

Das Gericht sehr heiß servieren.

CIME DI RAPE SALTATE

Sautierter Stengelkohl

Stengelkohl sieht ähnlich aus wie ganz zarte Brokkoli. Wenn ich als Kind die ersten Sprossen aus der Erde lugen sah, war ich aus zweierlei Gründen höchst beglückt: Zum einen freute ich mich auf diesen Genuss, und zum anderen wusste ich, dass der Frühling nun endlich da war. Wenn ich in meiner englischen Wahlheimat auf die Jagd gehe, frage ich den Bauern jedes Mal, ob er mir etwas von seinem Stielmus (Blätter verschiedener Mai- und Herbstrübensorten) überlässt, das den *cime di rapa* recht ähnlich ist. Einmal habe ich dieses Gemüse für ihn zubereitet, und er war sehr überrascht, wie köstlich es schmeckt. »Da sieht man, wie unzivilisiert wir sind«, meinte er, »wir verfüttern es einfach an die Tiere!«

Stengelkohl mundet in dieser Zubereitung vorzüglich zu Schweinefleisch, aber auch als Sauce mit kurzer Pasta wie Fusilli oder Maccheroni.

Für 4 Personen

500 g Stengelkohl, nur zarte Blätter und Röschen
2 EL Olivenöl
2 Knoblauchzehen, nach Belieben geviertelt
oder im Ganzen verwendet
Salz und frisch gemahlener Pfeffer

Den Stengelkohl waschen und in dem anhaftenden Wasser etwa 5 Minuten dünsten, bis er gerade weich ist, aber noch Biss hat. Abseihen und abtropfen lassen.

Das Öl in einer Pfanne erhitzen und den Knoblauch darin anbräunen. Den Stengelkohl zufügen und 5 Minuten sautieren, zuletzt nach Geschmack salzen und pfeffern.
(Foto Seite 43)

STUFATO DI PISELLI

Gedünstete Erbsen

Bis heute bereitet meine Schwester dieses Gemüsegericht für mich zu, wenn ich sie in Italien besuche. Ich bin darüber jedes Mal hocherfreut, denn es gelingt ihr wirklich glänzend, selbst mit größeren Erbsen. Auch mit Pasta, vor allem kleineren, muschelförmigen Nudeln, schmecken diese Erbsen wundervoll.

Für 4 Personen

90 ml Olivenöl
1 Zwiebel, fein gehackt
400 g ausgepalte frische Erbsen
Salz und frisch gemahlener Pfeffer
Hühner- oder leichte Fleischbrühe
1 TL Zucker

Das Öl in einem schweren Topf oder einer Pfanne sanft erhitzen und die Zwiebel darin glasig schwitzen.

Die Erbsen gründlich einrühren, salzen und pfeffern, einen Schöpflöffel heiße Brühe zugießen und 15 Minuten dünsten. Dabei gelegentlich weitere Brühe zugießen, damit das Gemüse nicht austrocknet.

Kurz vor Ende der Garzeit die Erbsen zuckern, nochmals mit Salz und Pfeffer abschmecken und durchmischen. Heiß servieren.

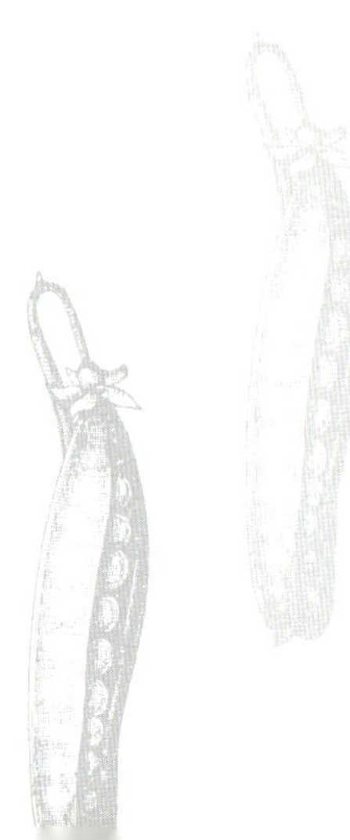

FAGIOLI AL FIASCO

In der Flasche gekochte Bohnen

Was den Japanern ihre Teezeremonie, ist den Toskanern diese berühmte Spezialität. Früher wurde sie an besonderen Feiertagen zubereitet, vor allem an Allerheiligen. Bis dahin standen die ersten getrockneten Nahrungsmittel zur Verfügung, und es wurde Zeit, ihre Qualität zu testen – schließlich sollten sie im bevorstehenden Winter der Familie gut über die Runden helfen.

Die getrockneten Bohnen kamen mit etwas Wasser, Olivenöl, Salbei und Knoblauch in eine bauchige Chiantiflasche, deren Hals mit einem Wattepfropfen verschlossen wurde. In der heißen Asche des Herdfeuers wurden die Bohnen dann über Nacht sich selbst überlassen. Heute bietet sich für diese Zubereitung auch der Dampfdrucktopf an.

Für 4 Personen

1 kg frische Cannellini- oder Borlotti-Bohnen oder
450 g getrocknete Bohnenkerne
90 ml Olivenöl
2 Knoblauchzehen, zerdrückt
Einige frische Salbeiblätter

Zum Servieren:
Bestes Olivenöl
Salz und frisch gemahlener Pfeffer

Getrocknete Bohnen in reichlich Wasser 6–7 Stunden einweichen und abseihen. Frische Bohnen auspalen.

Die Bohnen in eine bauchige Weinflasche füllen, deren etwaige Strohumhüllung zuvor entfernt wurde. Das Öl, den Knoblauch, einige Salbeiblätter und 2 Schöpflöffel Wasser dazugeben.

Die Flasche mit einem Baumwolltuch fest verschließen und aufrecht in die heiße Asche eines Holzkohlenfeuers setzen. Die Bohnen mehrere Stunden garen lassen.

Bei Verwendung eines Dampfdrucktopfes beträgt die Garzeit 20 Minuten, in einer schweren Kasserolle mit Deckel 35 Minuten.

Die Bohnen in eine Schüssel füllen, mit Olivenöl beträufeln, salzen, pfeffern und heiß servieren.

FUNGHI ALLA TOSCANA

Geschmorte Steinpilze

In Italien sprießen Wildpilze in Hülle und Fülle aus dem Boden. Traditionsgemäß werden bei diesem Gericht die verschiedensten Arten kombiniert, die selbstverständlich einen sehr viel intensiveren Geschmack ergeben als Zuchtchampignons. Aus freier Natur stammt auch die Katzenminze, ein stark duftendes Würzkraut, im Geschmack zwischen Minze und Oregano. Sie wächst stellenweise so stark, dass sie für die Bauern fast zur Plage wird. So schickte mich meine Mutter früher einfach während des Kochens los, um schnell etwas von diesem Kraut zu sammeln. Einst ein Hauptgericht, werden die geschmorten Steinpilze heute eher als Beilage serviert.

Für 4 Personen

500 g frische Steinpilze
90 ml Olivenöl
3 Knoblauchzehen
1 Zweig frische Katzen- oder Gartenminze
Salz und frisch gemahlener Pfeffer
1 TL Tomatenmark, in etwas heißem Wasser verrührt

Die Steinpilze sorgfältig mit einem feuchten Tuch abreiben, die Stiele abtrennen und wie die Hüte längs in dünne Scheiben schneiden. (Pilze werden nur im äußersten Notfall gewaschen und anschließend gründlich trockengetupft.)

Das Öl in einem schweren Topf erhitzen und den Knoblauch mit dem Minzezweig darin anschwitzen. Die Pilze vorsichtig einrühren, einige Minuten anbraten, salzen und pfeffern. Die Temperatur verringern, das Tomatenmark zufügen und die Pilze in etwa 5 Minuten gar schmoren. Bei Bedarf wenig heißes Wasser ergänzen. Vor dem Servieren die Knoblauchzehen und den Minzezweig entfernen.

Eine reizvolle Variante dieses Rezeptes ergibt sich mit 3 Eiern, die mit etwas Zitronensaft verquirlt und statt des verdünnten Tomatenmarks 2–3 Minuten vor Ende der Garzeit zu den Pilzen gegeben werden.

CARCIOFI IN PIEDE ALLA FIORENTINA

Artischocken mit Pancetta

In meiner Familie waren diese Artischocken ein klassisches Essen für Festtage, vor allem für den 19. März, an dem in Italien des heiligen Joseph gedacht wird. Normalerweise werden sie als Gemüsebeilage serviert, sie ergeben aber auch ein vollwertiges Hauptgericht.

Für 4 Personen

8 mittelgroße Artischocken
Saft von ½ Zitrone
100 g Pancetta, ersatzweise ungeräucherter Bauchspeck, gehackt
1 EL gehackte frische Petersilie
Salz und frisch gemahlener Pfeffer
90 ml Olivenöl

Von den Artischocken die harten Außenblätter entfernen und wegwerfen. Die Spitzen der verbliebenen Blätter und die Fruchtspitzen abschneiden, das Heu entfernen – übrig bleiben jeweils drei Viertel zarte Blätter, die das Herz umschließen, und der Stiel. Die Stiele schälen, die Artischocken waschen und etwa 30 Minuten in mit Zitronensaft gesäuertes Wasser legen, damit sie sich nicht dunkel verfärben.

Die Artischocken gründlich abtropfen lassen und dicht an dicht aufrecht in einen schweren Topf setzen.

Mit dem Speck und der Petersilie bestreuen, großzügig salzen und pfeffern. Das Öl und die gleiche Menge Wasser zugießen – der Topf sollte etwa zu einem Viertel mit Flüssigkeit gefüllt sein, sodass die Artischocken während des Garens feucht bleiben, aber nicht eintauchen.

Zugedeckt 25 Minuten sanft köcheln lassen, dabei nach Bedarf weiteres Wasser zugießen und die Artischocken gelegentlich mit dem Fond beträufeln – so erhalten sie ein köstliches Aroma.

Die Artischocken nach Belieben im Topf servieren.

CARCIOFINI FRITTI

Ausgebackene Artischocken

Artischocken sind in Italien ein beliebtes Gemüse, sie werden dort auf vielerlei Arten zubereitet. Am besten schmecken die besonders zarten Exemplare aus der zweiten Ernte. Meine Mutter erfreute uns häufig mit ausgebackenen Artischocken, die sie entweder heiß servierte oder abkühlen ließ und als Knabberei für tagsüber auf den Tisch stellte. Köstlich sind sie auch in Kombination mit frittierten Kürbisblüten in knuspriger Teighülle (Seite 56). Man kann sie als Vorspeise wie auch als vegetarisches Hauptgericht servieren.

Für 4 Personen

10 kleine (Baby-)Artischocken
Saft von 1 Zitrone
Olivenöl zum Frittieren
2 Eier
Salz und frisch gemahlener Pfeffer
Weizenmehl zum Panieren

Von den Artischocken die harten Außenblätter entfernen und wegwerfen. Die Spitzen der verbliebenen Blätter abschneiden – übrig bleiben jeweils der Stiel und drei Viertel zarte Blätter, die das Herz umschließen. Die Artischocken waschen, längs in feine Scheiben schneiden und etwa 30 Minuten in mit Zitronensaft gesäuertes kaltes Wasser legen, damit sie sich nicht dunkel verfärben.

Die Artischocken abseihen und gründlich abtropfen lassen.

Unterdessen das Öl stark erhitzen – ein Würfel altbackenes Brot sollte in weniger als 1 Minute gebräunt sein. Die Eier verquirlen, salzen und pfeffern.

Die Artischockenscheiben portionsweise im Mehl wenden, ins Ei tauchen – sie sollen gleichmäßig überzogen sein – und in dem Öl goldbraun ausbacken. Zum Abtropfen auf Küchenpapier legen und warm stellen, unterdessen das Öl für den nächsten Durchgang wieder erhitzen.

Damit sie schön knusprig bleiben, die Artischocken möglichst bald servieren.

FIORI DI ZUCCA FRITTI

Frittierte Kürbisblüten

Den ganzen Sommer hindurch bis zu den ersten Frösten Ende Oktober war uns dieser Genuss früher beschert. Besonders geschmacksintensiv und auch größer sind die weiblichen Blüten, die hervorragend zum Füllen geeignet sind; frittiert werden meist die kleineren männlichen Blüten. Wie die ausgebackenen Artischocken (Seite 54) ergeben sie – auch mit diesen kombiniert – eine delikate Vorspeise oder ein sättigendes Hauptgericht.

Für 6 Personen

18 Kürbis- oder Zucchiniblüten
2 Eier
Salz und frisch gemahlener Pfeffer
2 EL Weizenmehl
Olivenöl zum Frittieren

Von den Kürbis- oder Zucchiniblüten etwaige grüne Blätter sowie die Stempel entfernen, die Blüten waschen und behutsam trockentupfen.

Die Eier in einer Schüssel mit etwas Salz und Pfeffer gründlich verquirlen. Das Mehl und so viel Wasser einrühren, dass ein dickflüssiger Backteig entsteht.

Das Öl stark erhitzen – ein Würfel altbackenes Brot sollte in weniger als 1 Minute gebräunt sein.

Die Blüten portionsweise in den Teig tauchen – sie sollen gleichmäßig überzogen sein – und in dem Öl goldbraun ausbacken. Zum Abtropfen auf Küchenpapier legen und warm stellen, unterdessen das Öl für den nächsten Durchgang wieder erhitzen.

Die frittierten Blüten nach Geschmack salzen und pfeffern und auf einer vorgewärmten Platte servieren.

BACCELLI STUFATI

Dicke Bohnen mit Speck

Ab Anfang Mai ernteten wir die Früchte all der Mühe, die wir im Winter und Frühjahr in unseren Gemüsegarten gesteckt hatten. Dicke Bohnen machten den Anfang des kulinarischen Reigens. In der hier beschriebenen Zubereitung bildeten sie seinerzeit einen kompletten Hauptgang, doch schmecken sie auch als Beilage oder zu Pasta, insbesondere zu Rigatoni.

Für 4 Personen

90 ml Olivenöl
100 g Pancetta, ersatzweise ungeräucherter Bauchspeck, in Scheiben und diese in große Stücke geschnitten
2 Knoblauchzehen, angedrückt
500 g frische dicke Bohnen, enthülst und enthäutet
Salz und frisch gemahlener Pfeffer
Gemüse- oder leichte Hühnerbrühe
Gehackte frische Petersilie (nach Belieben)

Das Öl in einem Topf erhitzen und den Speck mit dem Knoblauch darin braten. Den Knoblauch entfernen, sobald er eine goldgelbe Farbe angenommen hat. Die Bohnen zufügen und einige Minuten mitbraten. Salzen, pfeffern, etwas Brühe oder heißes Wasser hinzugießen und nach Belieben etwas Petersilie einstreuen.

Die Bohnen leise köchelnd garen, dabei nach Bedarf weitere Flüssigkeit zufügen.

Baccelli Stufati ▶

CARCIOFI ALLA PAESANA

Artischockengemüse mit Minze

Dieses Gericht lernte ich bei einer Nachbarin kennen. Sie hieß Arduina und stammte aus dem Apennin. Allein schon der Duft, den ich sogar über eine größere Entfernung wahrnahm, erschien mir außerordentlich verlockend. Arduina kannte meine Begeisterung und bot mir immer eine Kostprobe von ihren delikaten Artischocken an. Sie passen auch gut zu dicken Nudeln, zum Beispiel Maccheroni.

Für 6 Personen

6 Artischocken
Saft von 1 Zitrone
90 ml Olivenöl
3 Knoblauchzehen, angedrückt
1 Zweig frische Katzen- oder Gartenminze
Salz und frisch gemahlener Pfeffer
1 TL Tomatenmark, in etwas lauwarmem Wasser verrührt

Von den Artischocken die harten Außenblätter entfernen und wegwerfen. Die Spitzen der verbliebenen Blätter und die Fruchtspitze abschneiden – übrig bleiben jeweils der Stiel und drei Viertel zarte Blätter, die das Herz umschließen. Die Artischocken waschen, die Stiele schälen und die Köpfe längs in Segmente schneiden, dabei eventuell vorhandenes Heu entfernen. Etwa 30 Minuten in mit Zitronensaft gesäuertes Wasser legen, damit sie sich nicht dunkel verfärben.

Die Artischocken abseihen und trockentupfen.

Das Öl in einem schweren Topf oder einer Pfanne erhitzen und den Knoblauch mit der Minze darin goldgelb anschwitzen. Den Knoblauch entfernen und die Artischocken zufügen. Einige Minuten durchmischen, nach Geschmack salzen und pfeffern, das Tomatenmark einrühren und die Artischocken 5 Minuten dünsten.

Einen Schöpflöffel heißes Wasser zugießen und die Artischocken je nach ihrer Zartheit in 15–20 Minuten gar dünsten, dabei nach Bedarf noch etwas heißes Wasser zufügen, damit sie nicht austrocknen.

SEDANI ALLA CONTADINA

Gratinierter Sellerie mit Fleischfüllung

Für 8 Personen

2 Stauden Bleichsellerie
Salz
Olivenöl zum Frittieren
Weizenmehl zum Panieren
2 Eier, verquirlt
Frisch gemahlener Pfeffer
Frische Semmelbrösel zum Panieren
25 g frisch geriebener Parmesan

Für die Fleischsauce:
200 g Hühnerlebern
175 ml Olivenöl
1 Zwiebel, fein gehackt
100 g roher, ungeräucherter Schinken, im Mixer fein gehackt
200 g Hackfleisch vom Kalb
90 ml trockener Weißwein
Salz, frisch gemahlener Pfeffer und frisch geriebene Muskatnuss
25 g frisch geriebener Parmesan

Der Rezeptname *alla contadina* bedeutet »nach Art der Bauersleute«. Diese konnten sich früher kein Fleisch oder zumindest nicht gerade die besten Stücke leisten. Durch die Verwendung vieler verschiedener Zutaten ließ sich eine kleine Fleischmenge geschickt strecken. In Italien wird Stangen- oder Bleichsellerie niemals roh gegessen; er wird stets mitsamt dem Grün angeboten, denn die Blätter nimmt man gern zum Aromatisieren von Suppen.

Den Sellerie vorbereiten: Die Stauden vom Wurzelansatz befreien, die Stangen voneinander trennen und die harten Fasern mit einem spitzen Messer abziehen. Das Blattgrün abschneiden. Die Stangen waschen und in reichlich kochendem Salzwasser 10 Minuten kochen. Abgießen und in 7–8 cm lange Stücke schneiden.

Für die Fleischsauce die Hühnerlebern putzen, waschen und hacken. Das Öl in einem schweren Topf erhitzen und die Zwiebel darin weich dünsten. Den Schinken zufügen und bräunen. Das Hackfleisch einrühren und einige Minuten mitbraten, bis es krümelig zerfällt. Die Hühnerleber untermischen. Den Wein zugießen, mit Salz, Pfeffer und Muskatnuss würzen und etwa 25 Minuten köcheln lassen.

Die Sauce vom Herd nehmen, den Parmesan einstreuen, zurück auf den Herd stellen und den Käse schmelzen lassen.

Reichlich Öl zum Frittieren erhitzen – ein Würfel altbackenes Brot sollte in weniger als 1 Minute gebräunt sein.

Unterdessen die Selleriestangen durch Druck mit dem Handballen vorsichtig öffnen, mit etwas Fleischsauce füllen und die Ränder der Stangen wieder zusammendrücken. Die gefüllten Stangen nacheinander im Mehl wenden, ins Ei tauchen, mit Salz und Pfeffer würzen und in den Semmelbröseln wälzen.

Die Selleriestücke portionsweise im heißen Öl in etwa 4 Minuten goldbraun werden lassen, dabei nach jedem Durchgang das Öl erneut erhitzen. Mit einer Schaumkelle herausheben und lagenweise in eine gefettete, ofenfeste Form schichten, dabei jede Lage mit Parmesan bestreuen und mit Fleischsauce überziehen. Den Sellerie bei 200 °C im vorgeheizten Ofen in 15 Minuten goldbraun überbacken.

PASTA

Pasta gehört zu meinen absoluten Leibgerichten. Jedes Mal wenn ich den Teig herstelle und die Pasta zubereite, kommen in mir Festtagsgefühle auf. Schon als Kind durfte ich meiner Mutter dabei helfen und sammelte die ersten Erfahrungen mit frischem Nudelteig. Zu meinen frühesten Erinnerungen gehört jene, als ich zum ersten Mal die Nudelmaschine bedienen durfte. Es war der dritte Juni, mein sechster Geburtstag. Dass ein Sechsjähriger es schafft, die Kurbel der Nudelmaschine zu drehen, vermittelt eine Ahnung, wie weich und geschmeidig ein Nudelteig sein muss. Wenn er durch die Walzen läuft, gibt er leise »Schmatz«geräusche von sich, beinahe wie Küsschen. Übrigens ist die Herstellung von Pasta keine Hexerei: Mit etwas Routine ist sie eigentlich im Handumdrehen fertig.

GNUDI (Rezept Seite 74) ▶

Bei der Frage, wann die Pasta im Mittelmeerraum Einzug hielt und zu einem Grundpfeiler der italienischen Küche wurde, scheiden sich die Geister.

Manche sehen China als die Urheimat der Nudeln an, andere berufen sich auf Hinweise, dass Pasta schon viele Jahrhunderte vor Christi Geburt in unseren Breiten bekannt war, und schreiben den Etruskern die Urheberrechte zu. Einer weiteren Theorie zufolge kam die Pasta zuerst im Mittelalter auf. Unbestritten ist indes, dass die Spaghetti und Maccheroni, heute gleichsam ein Sinnbild der *cucina italiana*, in der Renaissance ihre erste Hochblüte erlebten. Im 16. Jahrhundert begannen zahlreiche Manufakturen mit der Herstellung von Pasta in ihrer heutigen Form. Hundert Jahre später hatte der Absatz bereits beachtliche Dimensionen erreicht. Mit der beginnenden industriellen Revolution gegen Ende des 18. Jahrhunderts verdrängten Maschinen zunehmend die Handarbeit. Neapel avancierte zu einem Produktionszentrum und Pasta zu einem preiswerten Grundnahrungsmittel in den armen, dicht besiedelten Gebieten der Halbinsel im Mittelmeer.

Es gibt Anhaltspunkte dafür, dass schon die Etrusker der Pasta ähnliche Zubereitungen wie *laganae* (heute Lasagne) kannten. Funde von Tongeschirren zeugen vom hohen Stand ihrer Zivilisation. Den alten Römern verdanken wir die Maccheroni, deren Name sich vom lateinischen *maccare* (kneten) ableitet.

Marco Polo lernte in China ein der Lasagne ähnliches Nahrungsmittel kennen. 1475 veröffentlichte der berühmte italienische Geschichtsforscher Platina sein Werk *De Honesta Voluptate et Valetudine*, in dem er die verschiedensten Nahrungsmittel ausführlich vorstellte. Unter anderem beschrieb er Nudeln, die wie kleine Würmer aussahen und auf Italienisch *Vermicelli* genannt wurden – ein Name, der bis heute gebräuchlich ist. Zu jener Zeit etwa eröffneten sizilianische Frauen in Florenz die ersten Geschäfte, in denen sie Pasta herstellten.

Bereits Mitte des 16. Jahrhunderts war die Pasta in Ligurien, Latium und Kampanien weit verbreitet. Der Teig wurde mit den Füßen bearbeitet, denn Pasta galt als heilig, und ihre Herstellung wurde wie ein Ritual zelebriert.

Aufzeichnungen zufolge wurde im 13. Jahrhundert getrocknete Pasta auf Sizilien bereits kommerziell produziert. Über die verschiedenen Formen liegen jedoch noch keine detaillierten Erkenntnisse vor.

Von den Alpen bis hinunter nach Sizilien steht Pasta fast täglich auf dem Speisenplan, ohne sie wäre ein Essen nur eine halbe Sache. Jede Region des Landes kennt ihre eigenen Spezialitäten, sodass man die Pasta beinahe als nationales Kulturgut bezeichnen könnte.

Zur Herstellung frischer Pasta

Für die Herstellung von Pasta verwendet man in Italien unterschiedliche Mehlqualitäten. Dem sehr verbreiteten *farina bianca ›00‹* entspricht in Deutschland am besten Weizenmehl der Type 405. Daneben gibt es *farina di semola fine*, eine Qualität, die im Ausmahlungsgrad zwischen Grieß und Mehl liegt und damit griffiger ist (bei den Zutaten der Rezepte als griffiges Weizenmehl bezeichnet). Pro Person benötigt man etwa 100 Gramm, dazu 1 Ei, 1 Teelöffel Olivenöl und eine Prise Salz.

Das Mehl auf eine Arbeitsfläche häufen und in die Mitte eine Mulde drücken. Die Eier hineinschlagen, das Olivenöl und Salz zufügen. Mit einer Gabel verrühren und nach und nach das Mehl vom Innenrand der Mulde einrühren, bis ein dickflüssiger Teig entsteht. Mit den Händen weiterarbeiten und mit den Handballen kneten, bis ein elastischer, glatter, weicher Teig entsteht. Die angegebene Mehlmenge ist lediglich ein Anhaltspunkt und je nach Bedarf leicht zu variieren. Wie viel exakt benötigt wird, hängt unter anderem von der Luftfeuchtigkeit und der Größe der Eier ab.

Den fertigen Teig mindestens zehnmal auswalzen und wieder zusammenfalten. Am besten gelingt dies mit einer – möglichst handbetriebenen – Nudelmaschine, denn nur mit viel Erfahrung geraten die Teigblätter für Lasagne oder Pappardelle mit dem Rollholz wirklich dünn genug.

Von der eigenen Herstellung frischer Pasta ohne Ei (aus reinem Hartweizengrieß) rate ich ab, zumal der Handel trockene Pasta von guter Qualität in den verschiedensten Formen und Farben anbietet.

FUSILLI CON POMODORI SECCHI

Fusilli mit sonnengetrockneten Tomaten

Allein schon farblich könnte dieses klassische Sommergericht italienischer kaum sein. Meine Mutter bereitete es dann zu, wenn sie nur wenig Zeit hatte; die Zubereitung ist ganz einfach. Sonnengetrocknete Tomaten sind erst seit einigen Jahren so richtig bekannt, obwohl es sie schon lange gibt. So datiert das nachfolgende Rezept aus der Zeit der arabischen Herrschaft über Sizilien im 9. Jahrhundert. Ich habe getrocknete Tomaten in einem meiner Restaurants erstmals 1966 verwendet. Servieren Sie diese Fusilli entweder kalt oder noch richtig heiß.

Für 6 bis 8 Personen

800 g Fusilli
Salz
¼ l bestes Olivenöl
125 g Pinienkerne
125 g sonnengetrocknete Tomaten, in Streifen geschnitten
100 g frisch geriebener Parmesan
350 g Pecorino, klein gewürfelt
3–4 große Basilikumstengel, die Blätter gehackt
Frisch gemahlener schwarzer Pfeffer

Die Fusilli in reichlich sprudelnd kochendem Salzwasser *al dente* kochen. Unterdessen 1 Esslöffel Öl in einer Pfanne erhitzen und die Pinienkerne darin goldgelb anrösten.

Die Pasta abseihen. Entweder sofort heiß mit allen übrigen Zutaten vermengen und sogleich servieren oder aber im Sieb unter fließendem kaltem Wasser gründlich abschrecken und kalt mit den übrigen Zutaten vermengen.

PASTA D'ESTATE

Farfalle mit Spinat und Tomaten

Von der Grundidee ähnelt dieses Gericht dem vorhergehenden, dabei ist es auf reizvolle Weise ganz anders. Es kann ebenfalls nach Belieben heiß oder kalt aufgetragen werden, mir persönlich schmeckt es aber heiß noch besser. Ich erinnere mich lebhaft, wie wir unter dem Feigenbaum vor unserem Haus saßen und meine Mutter eine mächtige Schüssel mit dieser Pasta in die Tischmitte stellte.

Anstelle von Farfalle eignet sich auch eine andere kurze, eher kräftige Pastaform, zum Beispiel Penne. Als Faustregel für den vollendeten Pastagenuss gilt: robuste Nudeln für schwere Saucen, zartere Formen für feine Saucen.

Für 6 bis 8 Personen

800 g Farfalle
Salz
150 ml bestes Olivenöl
60 ml Weißweinessig
1 EL grober Senf
150 g Pinienkerne, geröstet
350 g Kirschtomaten, halbiert
275 g zarter Blattspinat
125 g frisch geriebener Parmesan
Frisch gemahlener schwarzer Pfeffer

Die Farfalle in reichlich sprudelnd kochendem Salzwasser *al dente* kochen. Unterdessen das Öl, den Essig und den Senf gründlich mit einem Schneebesen verrühren.

Die Pasta abseihen. Entweder heiß mit allen übrigen Zutaten vermengen und sogleich servieren oder aber im Sieb unter fließendem kaltem Wasser gründlich abschrecken und kalt mit den übrigen Zutaten vermengen.

PAPPARDELLE CON LA LEPRE

Pappardelle mit Hasensauce

Diesem Gericht begegnet man überall in der Toskana. Vor allem die Pappardelle, besonders breite Bandnudeln, sind untrennbar mit der Region verbunden. Sie werden mit verschiedenen, stets sehr gehaltvollen Saucen serviert, zum Beispiel mit Lammragout oder Entensauce (Seite 68 und 69) sowie mit *Ragù alla Bolognese*, der berühmten Fleischsauce nach Bologneser Art. Die hier vorgestellte Hasensauce ist typisch für den November, die hohe Zeit der Jäger.

Für 6 Personen

1 mittelgroßer Hase (etwa 2,5–3,0 kg), küchenfertig vorbereitet
1 Möhre, gehackt
1 Zwiebel, in Scheiben geschnitten
1 Stange Bleichsellerie, gehackt
1 Bouquet garni aus Petersilie, Thymian und Rosmarin
1 EL Wacholderbeeren und schwarze Pfefferkörner, gemischt
½ l kräftiger Rotwein
2 EL Olivenöl
Salz
15 g Butter

Für die Pasta:
500 g griffiges Weizenmehl
5 Eier
1 EL Olivenöl
1 TL Salz

Zum Servieren:
Frisch geriebener Parmesan nach Bedarf

Den Hasen waschen, zerlegen und abtropfen lassen.

Die Hasenstücke mit der Möhre, der Zwiebel und dem Sellerie, dem Bouquet garni, den Wacholderbeeren und den Pfefferkörnern in eine große, schwere Kasserolle legen. Mit dem Wein übergießen und 4–5 Stunden marinieren, dabei die Fleischstücke gelegentlich wenden.

Das Fleisch herausnehmen, die Marinade durchseihen und beiseite stellen. Das Öl in der Kasserolle erhitzen, das Fleisch darin von allen Seiten anbraten, salzen und in etwa 25–30 Minuten gar schmoren, dabei immer wieder schöpflöffelweise Marinade zugießen, damit das Fleisch nicht austrocknet.

Unterdessen den Nudelteig herstellen und 1–1,5 mm dick ausrollen, wie auf Seite 62 beschrieben. In gleichmäßige Streifen von 2 cm Breite schneiden und auf einem bemehlten Küchentuch ausbreiten.

Das Fleisch aus der Kasserolle nehmen. Die Rücken- und Keulenstücke ausbeinen und das Fleisch hacken. Die Sauce in einen sauberen Topf abseihen, das gehackte Fleisch und die Butter zufügen und die Sauce unter häufigem Rühren noch etwa 10 Minuten köcheln lassen.

Die Pappardelle in reichlich kochendem Salzwasser *al dente* kochen. Abseihen und abwechselnd mit der Sauce und Parmesan auf eine vorgewärmte Servierplatte schichten. Sofort servieren.

PAPPARDELLE AL SUGO DI PECORA

Pappardelle mit Lammragout

Lamm kommt in Italien eher selten auf den Tisch. Diese Zubereitung, die entfernt an das *Ragù alla Bolognese* erinnert, stammt aus Estoia, einer Provinz in der nördlichen Toskana. Aus dem ganzen Land reisen Feinschmecker dorthin, um die lokalen Lammspezialitäten zu essen. Auch diese recht deftige Sauce wird üblicherweise mit Pappardelle kombiniert.

Für 6 Personen

2 EL Olivenöl
1 Zwiebel, fein gehackt
1 Möhre, fein gehackt
1 Stange Bleichsellerie, fein gehackt
1 Bouquet garni aus je 1 frischen Rosmarin- und Thymianzweig
500 g sehr mageres Lamm- oder Hammelfleisch (Brust, Keule oder Rücken), in kleine Würfel geschnitten
Salz und frisch gemahlener schwarzer Pfeffer
175 ml trockener Weißwein
500 g reife Tomaten, enthäutet, Samen entfernt und püriert
Heiße Brühe nach Bedarf

Für die Pasta:
500 g griffiges Weizenmehl
5 Eier
1 EL Olivenöl
1 TL Salz

Zum Servieren:
Butter und frisch geriebener Parmesan nach Bedarf

Das Öl in einer großen, schweren Kasserolle erhitzen und die Zwiebel, die Möhre und den Sellerie mit dem Bouquet garni darin anschwitzen.

Das Fleisch dazugeben, kräftig anbraten, salzen und pfeffern. Mit dem Wein ablöschen und den Alkohol bei erhöhter Temperatur verdampfen lassen. Die pürierten Tomaten einrühren und das Fleisch 30 Minuten schmoren, dabei nach Bedarf etwas heiße Brühe zugießen.

Unterdessen den Pastateig herstellen und 1–1,5 mm dick ausrollen, wie auf Seite 62 beschrieben. In gleichmäßige Streifen von 2 cm Breite schneiden und auf einem bemehlten Küchentuch ausbreiten.

Die Pappardelle in reichlich sprudelnd kochendem Salzwasser *al dente* kochen. Abseihen und abwechselnd mit dem Ragout auf eine vorgewärmte Servierplatte schichten, dabei die größten Fleischstücke vorerst beiseite legen. Auf jede Lage Butterflöckchen setzen und etwas Parmesan darüber streuen. Die reservierten Fleischstücke auf der letzten Lage anrichten und das Gericht sofort servieren.

FETTUCCINE ALL'ANATRA

Fettuccine mit Entensauce

In der Berühmtheitsskala der toskanischen Küche dürfte dieses Rezept gleich auf Platz zwei stehen. Früher wurde es zum Abschluss der Traubenlese zubereitet, um mit den vielen Schülern, die uns dabei geholfen hatten, gebührend zu feiern. Eigentlich gehört unbedingt Entenleber mit hinein. Falls Sie keine Ente mitsamt den Innereien bekommen, kaufen Sie die Leber extra. Einen vertretbaren, wenngleich nicht adäquaten Ersatz bildet Hühnerleber.

Für 6 Personen

1 Ente (1,2 kg) mit der Leber, küchenfertig vorbereitet
3 EL Olivenöl
100 g roher, ungeräucherter Schinken, gewürfelt
1 Zwiebel, gehackt
1 Möhre, gehackt
1 Stange Bleichsellerie, gehackt
2 frische Salbeiblätter
Salz und frisch gemahlener schwarzer Pfeffer
90 ml trockener Weißwein
500 g reife Tomaten, enthäutet, Samen entfernt und püriert
Hühner- oder leichte Fleischbrühe nach Bedarf

Für die Pasta:
500 g griffiges Weizenmehl
5 Eier
1 EL Olivenöl
1 TL Salz

Zum Servieren:
Butter und frisch geriebener Parmesan nach Bedarf

Die Entenleber waschen und würfeln. Die Ente innen und außen waschen, in Stücke zerlegen und gründlich abtropfen lassen.

Das Öl in einer großen, schweren Kasserolle erhitzen und die Entenstücke mit dem Schinken, der Zwiebel, der Möhre, dem Sellerie und dem Salbei von allen Seiten kräftig anbraten. Salzen, pfeffern, mit dem Wein ablöschen und den Alkohol bei erhöhter Temperatur verdampfen lassen.

Die Tomaten zufügen und die Ente 1 Stunde schmoren, dabei nach Bedarf schöpflöffelweise heiße Brühe zugießen, damit das Fleisch nicht austrocknet. Nach etwa 45 Minuten die Entenleber einrühren.

Unterdessen den Nudelteig herstellen und 1–1,5 mm dick ausrollen, wie auf Seite 62 beschrieben. In gleichmäßige Streifen von 4 mm Breite schneiden und auf einem bemehlten Küchentuch ausbreiten.

Die Entenstücke und die Leber aus dem Topf nehmen, die Sauce durchseihen und die Leber wieder hineingeben.

Die Fettuccine in reichlich sprudelnd kochendem Salzwasser *al dente* kochen. Abseihen und abwechselnd mit der Sauce auf eine vorgewärmte Servierplatte schichten, dabei auf jede Lage Butterflöckchen setzen und etwas Parmesan darüber streuen. Die Entenstücke separat dazu reichen.

PASTACIUTTA ALLA FORNAIA

Pasta mit Walnuss-Pesto

Im Gegensatz zum Genueser Pesto, das traditionsgemäß mit Pinienkernen zubereitet wird, enthält diese Sauce Walnüsse. Das Rezept überließ mir mein Cousin, der in der Toskana ein Restaurant namens Rosticceria Nardini betreibt.

Für 6 Personen

70 g frische Basilikumblätter, grob geschnitten
50 g Walnusskerne
100 g gereifter Pecorino, frisch gerieben
Salz und frisch gemahlener schwarzer Pfeffer nach Geschmack
175 ml natives Olivenöl extra
500 g Spaghetti, Tagliatelle oder eine andere lange Pastasorte

Das Basilikum mit den Walnüssen im Mörser kräftig zerreiben. Nach und nach den sehr fein geriebenen Pecorino zufügen und alles zu einer geschmeidigen Paste verarbeiten. Nach Geschmack salzen und pfeffern. Das Öl in dünnem Strahl einlaufen lassen und mit einem Holzlöffel einrühren. Alternativ lässt sich die Sauce im Mixer herstellen, allerdings wird dabei mehr Öl benötigt und der Überschuss zuletzt wieder abgegossen.

Die Pasta in reichlich sprudelnd kochendem Salzwasser *al dente* kochen. Abseihen, noch heiß mit der Sauce vermischen und sogleich servieren.

PASTA ALLA CONTADINA

Pasta mit Tomaten-Champignon-Sauce

Eher schlicht, aber umso köstlicher ist diese klassische Sauce, die in unserer Familie unter der Woche häufig zubereitet wurde. Ich habe sie hier mit Spaghetti kombiniert, genauso gut geeignet sind aber auch Linguine und andere lange Nudeln.

Für 4 Personen

250 g frische Champignons
3 EL Olivenöl
1 Zwiebel, gehackt
1 EL gehackte frische Petersilie
300 g Tomaten, enthäutet, Samen entfernt und püriert
Salz und frisch gemahlener schwarzer Pfeffer
500 g Spaghetti oder eine andere lange Pastasorte, zum Beispiel Linguine oder Tagliatelle
Frisch geriebener Pecorino und Parmesan, gemischt, zum Servieren

Die Champignons sorgfältig mit einem feuchten Tuch oder Küchenpapier abreiben und längs in dünne Scheiben schneiden. (Pilze werden nur im äußersten Notfall gewaschen und anschließend gründlich trockengetupft.)

Das Öl in einem schweren Topf erhitzen und die Zwiebel mit der Petersilie darin weich dünsten. Die Pilze hinzufügen und einige Minuten mitdünsten. Die Tomaten einrühren, salzen und pfeffern und die Sauce bei niedriger Temperatur etwa 40 Minuten köcheln lassen.

Die Pasta in reichlich sprudelnd kochendem Salzwasser *al dente* kochen. Abseihen, mit der Sauce vermengen, mit reichlich Pecorino und Parmesan bestreuen und sofort servieren.

PASTA ALLA CONTADINA ▶

GNOCCHI DI SPINACI AL FORNO

Spinat-Gnocchi aus dem Ofen

Ob grün, wie in dieser Zubereitung, oder gelb dank der Polenta, die bei dem Rezept auf Seite 74 verwendet wird, finden Gnocchi immer großen Anklang. Die hier vorgestellte Variante ist ein typisches Sonntagsessen, denn es kann im Backofen beinahe beliebig lange warm gehalten werden. So hat die Hektik des Alltags zumindest am Wochenende einmal keine Chance.

Für 4 Personen

Für die Gnocchi:
500 g frischer Spinat
½ l Milch
1 EL Butter
200 g Weizengrieß
2 Eier, verquirlt
50 g frisch geriebener Parmesan
Salz

Für die Käsesauce:
40 g Butter
2 EL Mehl
½ l Milch
Frisch geriebene Muskatnuss
50 g frisch geriebener Parmesan
Salz

Den Backofen auf 200 °C vorheizen.

Für die Gnocchi den Spinat waschen und in dem anhaftenden Wasser dünsten, bis er gerade eben zusammenfällt. Leicht abkühlen lassen, kräftig ausdrücken und mit dem Messer oder im Mixer fein hacken.

Die Milch aufkochen, die Butter hineingeben und schmelzen lassen. Den Grieß langsam einstreuen, dabei ständig rühren, damit sich keine Klümpchen bilden, und bei niedriger Temperatur etwa 10 Minuten dick werden lassen, bis sich die Masse vom Topfrand löst.

Den Topf vom Herd ziehen. Den Spinat, die Eier und den Parmesan mit einer Prise Salz gründlich untermischen.

Für die Sauce die Butter in einem Topf zerlassen. Das Mehl auf einmal dazugeben und unter kräftigem Rühren ohne Farbe anschwitzen. Die Milch zugießen, glatt rühren und die Sauce unter ständigem Rühren mindestens 15 Minuten köcheln lassen. Mit Muskatnuss würzen, den Parmesan einrühren und schmelzen lassen, zuletzt nach Geschmack salzen.

Aus der Spinatmasse Klößchen formen, flach drücken, dachziegelartig in eine gebutterte, ofenfeste Form legen und mit der Käsesauce überziehen. Die Spinat-Gnocchi 20 – 25 Minuten backen.

GNUDI

Gnocchi »solo«

In dem Rezeptnamen verschmelzen die Wörter *gnocchi* und *nudo*, also »nackt«. Tatsächlich handelt es sich um die klassische Raviolifüllung, aber eben ohne Teighülle und stattdessen in Form kleiner Klößchen serviert – ideal für all jene, die Pasta als angeblichen Dickmacher scheuen oder leichte Kost essen sollten.

Für 4 Personen

300 g frischer Spinat
300 g Ricotta, zerkrümelt
50 g frisch geriebener Parmesan oder Pecorino
3 Eier
Salz, Pfeffer und frisch geriebene Muskatnuss
Weizenmehl nach Bedarf
Hühner- oder leichte Fleischbrühe zum Garen (nach Belieben)

Zum Servieren:
Ragù di Carne alla Pistoiese (Seite 178), Bologneser Fleischsauce oder zerlassene Butter und frisch geriebener Parmesan

Den Spinat waschen und in dem anhaftenden Wasser dünsten, bis er gerade eben zusammenfällt. Leicht abkühlen lassen, kräftig ausdrücken und von Hand oder im Mixer sehr fein hacken.

In einer Schüssel den Spinat mit der Ricotta, dem Parmesan oder Pecorino und den Eiern vermengen. Mit Salz, Pfeffer und Muskatnuss würzen. So viel Mehl einarbeiten, dass ein mittelfester Teig entsteht – er sollte etwa die Konsistenz von Tomatenmark besitzen. Walnussgroße Bällchen formen und auf ein bemehltes Küchentuch legen.

Die Gnocchi portionsweise einige Minuten in kochendem Wasser oder Brühe garziehen lassen. In der Brühe servieren oder, bei Verwendung von Wasser, die Gnocchi mit einer Schaumkelle herausheben, abtropfen lassen und mit einer Fleischsauce oder aber zerlassener Butter und Parmesan vermischen.

(Foto Seite 61)

GNOCCHI DI FARINA GIALLA

Polenta-Gnocchi

Meine Großmutter bereitete diese Gnocchi immer nach dem Beginn der Ernte am ersten kalten Oktobertag. An ihnen ließ sich die Qualität des Mehles testen und die Frage beantworten, ob es sich empfahl, Polenta für den ganzen Winter herzustellen.

Für 4 Personen

2 l Wasser
Salz
600 g grobe Polenta (Maisgrieß)
50 g Butter
30 g frisch geriebener Parmesan

Zum Servieren:
Ragù di Carne alla Pistoiese (Seite 178), Bologneser Fleischsauce oder zerlassene Butter und frisch geriebener Parmesan

In einem großen Topf das Wasser zum Kochen bringen, salzen. Die Polenta langsam einrieseln lassen und dabei ständig rühren, damit sich keine Klümpchen bilden. Wenn die Polenta zu einem weichen Brei eindickt, die Butter und den Parmesan einrühren. Den Topf vom Herd ziehen.

Von der Masse mit einem Löffel, der immer wieder in kaltes Wasser getaucht wird, eiförmige Klößchen abstechen und auf eine vorgewärmte Servierplatte schichten. Jede Lage mit Fleischsauce überziehen oder mit zerlassener Butter beträufeln und mit Parmesan bestreuen.

Oder: Die heiße Polenta auf eine nasse Arbeitsfläche schütten, mit einem breiten Messer etwa 1 cm dick verstreichen und erkalten lassen. Taler ausstechen, in zerlassener Butter in einer Pfanne heiß werden lassen und wie oben anrichten.

TORTELLI DI PATATE

Tortelli mit Kartoffelfüllung

Wenn ich diese Tortelli zubereite, packt mich jedes Mal wieder das Lampenfieber. Besonders spannend wird es, wenn Sie sie ins kochende Wasser einlegen und darauf warten, dass sie an die Oberfläche steigen – genau dann sind sie gar. Ich habe vier Jahrzehnte Tortelli-Erfahrung, und trotzdem fürchte ich bis heute, dass sie eines Tages nicht wieder auftauchen könnten. In meiner Familie gab es diese Pastaspezialität hauptsächlich in den kalten Wintermonaten. Vor meinem geistigen Auge sehe ich noch heute die eben gekochten Kartoffeln auf dem Küchentisch stehen, die Fensterscheiben von ihrem Dampf beschlagen. Aufgrund der einfachen Füllungszutaten werden diese Tortelli manchmal auch »Arme-Leute-Ravioli« genannt.

Für 4 Personen

Für die Pasta:
350 g griffiges Weizenmehl
½ TL Salz
3 Eier

Für die Füllung:
750 g weißfleischige Kartoffeln
50 g frisch geriebener Parmesan
30 g weiche Butter
Salz und frisch geriebene Muskatnuss
1 Ei

Zum Servieren:
Ragù di Carne alla Pistoiese (Seite 178) oder Bologneser Fleischsauce
30 g frisch geriebener Parmesan

Für die Pasta das Mehl auf die Arbeitsfläche häufen, mit dem Salz bestreuen, in die Mitte eine Mulde drücken und die Eier hineinschlagen. Mit der Gabel verrühren und nach und nach das Mehl vom Innenrand der Mulde einrühren, bis ein dickflüssiger Teig entsteht. Mit den Händen weiterarbeiten und mit den Handballen kneten, bis ein glatter, elastischer Teig entsteht. Mit einem sauberen Küchentuch bedecken und ruhen lassen.

Für die Füllung die Kartoffeln waschen und in reichlich Salzwasser kochen. Pellen und nach Belieben fein zerstampfen oder durch eine Kartoffelpresse drücken. Den Parmesan, die Butter, eine Prise Salz, eine kräftige Prise Muskatnuss und das Ei untermischen.

Den Nudelteig nochmals durchkneten und etwa 1,5 mm dick ausrollen. Auf die eine Hälfte des Teigblatts in Abständen von etwa 3 cm Häufchen der Kartoffelfüllung setzen. Die zweite Teighälfte darüber breiten und um die Füllungen herum mit den Fingern andrücken. Mit einem Teigrädchen quadratische Tortelli ausschneiden und auf ein bemehltes Küchentuch legen.

Die Tortelli portionsweise in einen großen Topf mit reichlich kochendem Salzwasser gleiten lassen und, sobald sie nach einigen Minuten an die Oberfläche steigen, mit einer Schaumkelle herausheben. Auf einer vorgewärmten Servierplatte anrichten, mit der Fleischsauce überziehen, mit dem Parmesan bestreuen und servieren.

PENNE CON PROSCIUTTO E ASPARAGI

Penne mit Spargel und Schinken

Dieses Gericht bereitete meine Tante Dailia häufig zu. Sie lebte in einem Ort, in dem am Ersten Mai alle Bewohner aus der Umgegend zusammenkamen, um den Tag zu feiern, und zu diesem Fest wurde diese Pasta gekocht. Wie seinerzeit üblich, stammten der Spargel wie der Schinken aus eigener Produktion.

Für 6 Personen

800 g Penne
Salz
30 g Butter
450 g grüne Spargelspitzen oder kleine Brokkoliröschen (nach Belieben auch gemischt), blanchiert
Bestes Olivenöl
4 EL gehackte frische Petersilie
225 g Parmaschinken, in Scheiben und diese in Streifen geschnitten
125 g frisch geriebener Parmesan
Frisch gemahlener schwarzer Pfeffer

Die Penne in reichlich sprudelnd kochendem Salzwasser *al dente* kochen.

Kurz vor Ende der Garzeit die Butter in einer großen Pfanne zerlassen und den Spargel und/oder Brokkoli kurz dünsten.

Die Penne abseihen und in der Pfanne mit dem Gemüse vermischen. Mit Olivenöl beträufeln und die Petersilie, den Schinken und den Parmesan untermischen. Alles zusammen nochmals gut durchwärmen, mit Pfeffer übermahlen und sofort servieren.

TAGLIATELLE AL SUGO DI PROSCIUTTO

Tagliatelle mit Tomaten-Schinken-Sauce

Bei einem Freund, der in den toskanischen Hügeln ein Restaurant namens Le Panche besitzt, lernte ich dieses Rezept kennen. Es gefiel mir so gut, dass ich es einfach hier aufgenommen habe.

Für 4 Personen

Für die Pasta:
300 g griffiges Weizenmehl
1 TL Salz
1 TL Olivenöl
3 Eier, verquirlt

Für die Sauce:
150 g roher, ungeräucherter Schinken, in Scheiben und diese in Streifen geschnitten
Olivenöl (nach Bedarf)
1 Zwiebel, fein gehackt
1 kleine Möhre, fein gehackt
500 g reife Tomaten oder 800 g Dosentomaten, abgetropft
Salz und frisch gemahlener schwarzer Pfeffer

Zum Servieren:
50 g frisch geriebener Parmesan

Für die Pasta das Mehl auf die Arbeitsfläche häufen, in die Mitte eine Mulde drücken und das Salz, das Olivenöl und die Eier hineingeben. Mit der Gabel verrühren und nach und nach das Mehl vom Innenrand der Mulde einrühren, bis ein dickflüssiger Teig entsteht. Mit den Händen weiterarbeiten und mit den Handballen zu einem glatten, elastischen Teig kneten. (Um die richtige, weiche Konsistenz zu erhalten, nach Bedarf etwas lauwarmes Wasser hinzufügen.)

Den Teig von Hand oder mit der Nudelmaschine 1 – 1,5 mm dick ausrollen, in gleichmäßige Streifen von 5 mm Breite schneiden und auf einem bemehlten Küchentuch ausbreiten.

Für die Sauce in einem Topf den Schinken (nach Bedarf in etwas Öl) braten und die Zwiebel mit der Möhre in dem ausgelassenen Fett glasig anschwitzen. Die Tomaten durch ein Sieb in den Topf passieren, salzen und pfeffern und die Sauce 15 Minuten leise köcheln lassen.

Unterdessen die Tagliatelle in reichlich sprudelnd kochendem Salzwasser *al dente* kochen. Abseihen und abwechselnd mit der Sauce und dem Parmesan auf eine vorgewärmte Servierplatte schichten. Sofort servieren.

LASAGNE DI MAGRO

Gemüse-Lasagne

Dieses bekannte toskanische Gericht stammt aus der Zeit der Etrusker, die Lasagne noch ohne Fleisch zubereiteten. Es ist ein beliebtes Sonntagsessen. Eine meiner Cousinen, die sich vegetarisch ernährt, verriet mir das Rezept für die hier vorgestellte Version. Es ist so delikat, dass ich mir dieses Pastagericht jedes Mal, wenn ich sie besuche, wünsche. Wer die Lasagne nicht selbst herstellen möchte, kauft 500 g trockene Lasagneblätter guter Qualität und bereitet sie nach Packungsanweisung vor.

Für 6 Personen

Für die Pasta:
500 g griffiges Weizenmehl
6 große Eier
Salz
1 TL Olivenöl

Für die Füllung:
2 Zucchini
2 Möhren
100 ml Olivenöl
1 große Zwiebel, in feine Scheiben geschnitten
100 g ausgepalte frische Erbsen
100 g Champignons, in Scheiben geschnitten
1 l Béchamelsauce (Seite 176)
300 g Parmesan
100 g Tomaten, enthäutet, Samen entfernt und gehackt
150 g Mozzarella, in Scheiben geschnitten

Den Backofen auf 200 °C vorheizen.

Für hausgemachte Lasagne den Nudelteig herstellen und 1,5–2 mm dick ausrollen, wie auf Seite 62 beschrieben, und Teigblätter passender Größe zuschneiden. In reichlich sprudelnd kochendem Salzwasser, dem 1 Esslöffel Öl zugegeben wurde, knapp *al dente* kochen. Abseihen, kalt abschrecken und auf sauberen Küchentüchern ausbreiten.

Für die Füllung die Zucchini und Möhren in etwa 1,5 cm große Würfel schneiden.

Das Olivenöl in einem großen Topf erhitzen und die Zwiebel darin glasig anschwitzen. Die Zucchini- und Möhrenwürfel sowie die Erbsen zufügen und etwa 10 Minuten unter ständigem Rühren dünsten, bis das Gemüse gar ist, aber noch Biss hat.

Eine ofenfeste Form von etwa 30 × 20 cm Größe und 10 cm Höhe mit Öl ausstreichen und den Boden mit 250 ml Béchamelsauce bedecken. Eine Lage Lasagneblätter, deren Ränder sich nicht überlappen sollen, einschlichten. Darauf einen Schöpflöffel gedünstetes Gemüse, eine Hand voll rohe Champignons, 2 Esslöffel geriebenen Parmesan und eine Hand voll Tomaten verteilen und mit Béchamelsauce bedecken. Darauf wieder Lasagneblätter einschlichten und wie oben fortfahren, bis alle Zutaten verbraucht sind. Die letzte Schicht – Béchamelsauce – mit Mozzarellascheiben bedecken.

Die Lasagne 25 Minuten backen und bis zum Servieren noch 10 Minuten ruhen lassen.

GEFLÜGEL UND WILD

Huhn wird in der Toskana sehr häufig und in vielfältigen Zubereitungen aufgetischt. Einst war es ein Luxusartikel und dementsprechend nur den Wohlhabenden vergönnt. So lässt sich das auf Seite 86 beschriebene Rezept für frittiertes Huhn etwa 900 Jahre zurückverfolgen, das Gericht sah jedoch seinerzeit ganz anders aus: Das Tier wurde entbeint, Brust und Keulen führten sich die Herrschaften des Hauses zu Gemüte, und die Karkasse ergab, in kleine Stücke gehackt und in Teig ausgebacken, ein Essen für die Domestiken. Auf dem Bauernhof, wo ich aufwuchs, hatten wir viele Hühner. Sie lieferten uns recht häufig eine köstliche Mahlzeit, vor allem am Sonntag, früher der traditionelle Fleischtag. Eine Reihe von Rezepten in diesem Kapitel ist auch der Zubereitung von Federwild, Kaninchen und Hase gewidmet. Wild bildet eine feste Säule in der Küche der Toskana, wo die Jagdleidenschaft bis heute lebendig ist. Dass dabei auch Singvögel nicht verschont werden und ihr Gezwitscher inzwischen weitgehend verstummt ist, ist die traurige Kehrseite der Medaille. Es gibt eben auch Schatten dort, wo viel Licht ist.

CONIGLIO ALLA CACCIATORA (Rezept Seite 100) ▶

POLLO AL LIMONE

Zitronenhuhn

Dieses herrliche Hühnchenrezept verdanke ich meiner Schwester. Als Beilage empfehle ich einen knackigen grünen Salat.

Für 4 Personen

1 Huhn (etwa 1,2 kg), küchenfertig vorbereitet
25 g Butter
Salz und frisch gemahlener schwarzer Pfeffer
2 EL gehackte frische Petersilie
1 unbehandelte Zitrone, geachtelt
90 ml Olivenöl
3 Knoblauchzehen, zerdrückt
Heiße Hühnerbrühe
Saft von 2 Zitronen

Das Huhn waschen, innen und außen trockentupfen, innen möglichst sorgfältig mit Butter einstreichen, salzen und pfeffern. Die Hälfte der Petersilie und einige Zitronenspalten in die Bauchhöhle legen.

Das Öl in einem hohen Topf erhitzen und den Knoblauch darin mit der restlichen Petersilie goldgelb schwitzen. Das Huhn hineinlegen und von allen Seiten anbraten. Großzügig salzen und pfeffern, etwas Brühe zugießen und einen Deckel auflegen. Das Huhn etwa 35 Minuten schmoren, dabei gelegentlich weitere Brühe zufügen, damit das Fleisch nicht austrocknet. Es ist gar, wenn beim Einstechen in den Schenkel klarer Fleischsaft austritt.

Das Huhn mit dem Zitronensaft beträufeln und noch 5 Minuten garen. Aus dem Topf nehmen und zerlegen. Den Fond bei hoher Temperatur auf die gewünschte Konsistenz einkochen und als Sauce dazu servieren.

POLLO ALLA BARONTANA

Huhn nach Art von St. Baronto

In den Hügeln zwischen Florenz und Lucca liegt die kleine Gemeinde St. Baronto, die einzige diesen Namens auf der ganzen Welt. Nur ein paar Seelen leben in St. Baronto, und trotzdem stammen die meisten renommierten Köche der Toskana von dort. So war es mir ein besonderes Anliegen, das nachfolgende Rezept diesem kleinen Ort zu widmen.

Für 4 Personen

1 Huhn (etwa 1,2 kg), küchenfertig vorbereitet
90 ml Olivenöl
1 Zwiebel, in Scheiben geschnitten
175 ml trockener Weißwein
4 Knoblauchzehen, gehackt
2 frische Rosmarinzweige, die Blättchen gehackt
150 g schwarze Oliven
1 EL Rotweinessig

Das Huhn waschen, in Stücke zerlegen und mit Küchenpapier trockentupfen. Das Öl in einem hohen Topf erhitzen und die Zwiebel darin hellbraun anschwitzen. Die Hühnchenstücke einlegen und von allen Seiten anbraten. Den Wein zugießen, einen Deckel auflegen und das Huhn etwa 25 Minuten schmoren. Es ist gar, wenn beim Einstechen aus dem Schenkel klarer Fleischsaft austritt.

Den Knoblauch, den Rosmarin, die Oliven und den Essig zufügen, alles gründlich vermischen und noch 5 Minuten garen. Sofort servieren.

POLLO FRITTO

Frittiertes Huhn

Gutes Olivenöl ist in der Toskana überall zu bekommen, entsprechend gern werden Speisen gebraten und frittiert. Hier eines der ältesten toskanischen Rezepte – es datiert aus dem Jahr 1100 und erfreut sich bis heute großer Beliebtheit. Chips, gebratene Karden oder auch ein frischer Salat als Beilage runden die zarten Hühnchenstücke in knuspriger Teighülle vollendet ab.

Für 4 Personen

1 Huhn (etwa 1,2 kg), küchenfertig vorbereitet
Olivenöl zum Frittieren

Für den Backteig:
2 Eier
Salz
2 EL Weizenmehl, gesiebt
1 EL Olivenöl

Das Huhn waschen, in Stücke zerlegen und mit Küchenpapier trockentupfen.

Für den Backteig die Eier mit einer kräftigen Prise Salz in einer Schüssel verquirlen. Langsam das Mehl, das Öl und so viel Wasser einrühren, dass ein eher dünnflüssiger Teig entsteht.

Reichlich Öl stark erhitzen – ein Würfel altbackenes Brot sollte in weniger als 1 Minute gebräunt sein.

Die Hühnchenstücke portionsweise in den Teig tauchen und in dem Öl ringsum goldbraun frittieren, was je nach Größe der Stücke und Öltemperatur 8–10 Minuten dauert.

Zum Abtropfen auf Küchenpapier legen und warm stellen, unterdessen das Öl für den nächsten Durchgang wieder erhitzen. Sobald alle Stücke ausgebacken sind, das Huhn sogleich servieren.

POLLO ALLA DIAVOLA

Feurig scharfes Huhn vom Grill

Die Chilischote verleiht dem Huhn eine diabolische Schärfe. Ein frischer Salat bildet einen herrlichen Kontrapunkt dazu.

Für 4 Personen

1 Huhn (etwa 1,2 kg), küchenfertig vorbereitet
90 ml Olivenöl
Saft von 1 Zitrone
1 getrocknete rote Chilischote, im Mörser zerstoßen
Salz und frisch gemahlener schwarzer Pfeffer

Das Huhn waschen und sorgfältig trockentupfen. Mit einem schweren Messer oder einer Geflügelschere entlang dem Rückgrat aufschneiden und mit den Händen behutsam flach drücken.

In einer Schüssel, die das ausgebreitete Huhn aufnimmt, aus dem Olivenöl, dem Zitronensaft, der Chilischote, Salz und Pfeffer eine Marinade rühren. Das Huhn einlegen und von beiden Seiten jeweils ½ Stunde marinieren.

Den Elektro- oder Holzkohlengrill vorheizen oder ein Holzfeuer entfachen. Zwei lange Metallspieße diagonal durch das Huhn schieben, damit es flach ausgebreitet bleibt.

Das Huhn 30–40 Minuten von beiden Seiten grillen, zwischendurch mit der verbliebenen Marinade bestreichen. Es ist gar, wenn beim Einstechen aus dem Schenkel klarer Fleischsaft austritt.

POLLO ALLA FIORENTINA

Rosmarinhuhn vom Grill

Rosmarin stand in der Küche meiner Familie immer an erster Stelle. Als ich meinen Vater nach dem Grund dafür fragte, antwortete er mir, dass die alten Römer ihn auf die Körper ihrer Verstorbenen legten. Und da ja das Huhn auch tot sei, fügte er schalkhaft hinzu, brauche es natürlich ebenfalls Rosmarin.

Ein Salat der Saison ergibt die ideale Beilage.

Für 4 Personen

1 Huhn (etwa 1,2 kg), küchenfertig vorbereitet
175 ml Olivenöl
Saft von 1 Zitrone
1 TL gehackte frische Petersilie
Salz und frisch gemahlener schwarzer Pfeffer
1 frischer Rosmarinzweig
2 Lorbeerblätter

Das Huhn waschen und sorgfältig trockentupfen. Mit einem schweren Messer oder einer Geflügelschere entlang dem Rückgrat aufschneiden und mit den Händen behutsam flach drücken.

In einer Schüssel, die das ausgebreitete Huhn aufnimmt, aus dem Olivenöl, dem Zitronensaft, der Petersilie, Salz und Pfeffer eine Marinade rühren, den Rosmarin und die Lorbeerblätter zufügen. Das Huhn einlegen und 2 Stunden marinieren, dabei mehrfach wenden.

Den Elektro- oder Holzkohlengrill vorheizen oder ein Holzfeuer entfachen. Zwei lange Metallspieße diagonal durch das Huhn schieben, damit es flach ausgebreitet bleibt.

Das Huhn 30–40 Minuten grillen, bis es von beiden Seiten appetitlich gebräunt ist, zwischendurch mit der verbliebenen Marinade bestreichen. Es ist gar, wenn beim Einstechen in den Schenkel klarer Fleischsaft austritt.

POLLO FARCITO

Gefülltes Huhn

Meine Mutter bereitete sonntags sehr häufig Huhn für uns zu. Damit keine Langeweile aufkam, variierte sie die Rezepte. Manchmal füllte sie das Tier mit der hier beschriebenen köstlichen Mischung, die auch für ein Weihnachtshuhn geeignet wäre. Daher macht sich bis heute in mir Festtagsstimmung breit, wenn ich dieses Gericht esse. Ein 1½ Kilogramm schweres Huhn sättigt vier Personen mit großem Appetit oder sechs mit kleinem Hunger.

Servieren Sie einen frischen Salat der Saison dazu.

Für 4 Personen

1 Huhn (1,2–1,5 kg), küchenfertig vorbereitet
Salz
1 Zwiebel, in Scheiben geschnitten
1 Stange Bleichsellerie, in Scheiben geschnitten
1 Möhre, in Scheiben geschnitten

Für die Füllung:
300 g Mangold
Salz
150 g frische Ricotta
50 g frisch geriebener Parmesan
2 EL frische Semmelbrösel
1 Ei
Je ½ TL gehackter frischer Majoran, Basilikum, Petersilie und Thymian
Frisch gemahlener schwarzer Pfeffer
Frisch geriebene Muskatnuss

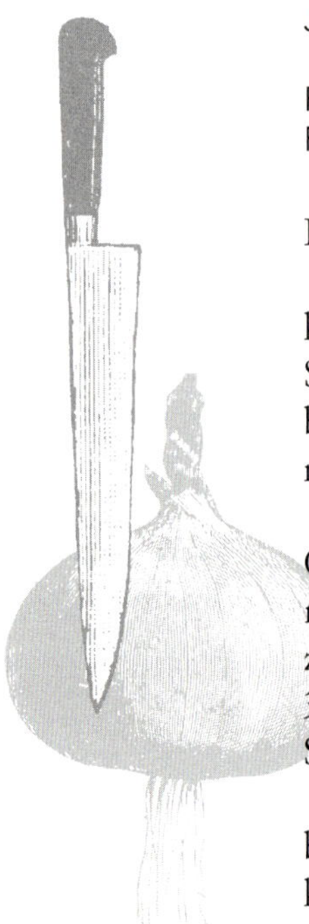

Das Huhn innen und außen waschen und trockentupfen.

Für die Füllung den Mangold in kochendem Salzwasser gar kochen, kräftig ausdrücken und fein hacken. Die Ricotta in einer Schüssel zerdrücken. Den Mangold, den Parmesan, die Semmelbrösel und das Ei mit den Kräutern, Salz, Pfeffer und Muskatnuss untermengen.

Das Huhn mit der Mischung nicht zu prall füllen und die Öffnung mit Küchengarn zunähen. In einer großen Kasserolle reichlich Salzwasser mit der Zwiebel, dem Sellerie und der Möhre zum Kochen bringen. Das Huhn einlegen und zugedeckt etwa 30 Minuten kochen. Es ist gar, wenn beim Einstechen in den Schenkel klarer Fleischsaft austritt.

Das Huhn auf einer vorgewärmten Platte anrichten und erst bei Tisch tranchieren. Die Brühe ergibt eine köstliche Suppe oder kann als Fond für ein anderes Gericht verwendet werden.

POLLO AI SEMI DI FINOCCHIO

Fenchelhuhn vom Grill

In der Toskana wird Huhn immer mit Kräutern zubereitet. Vor allem bei gebratenem oder gegrilltem Huhn dürfen Salbei, Rosmarin oder dergleichen nicht fehlen. Das hier beschriebene Gericht bereitete meine Tante Marina stets zum Fest von Mariä Geburt am 8. September zu. Bis dahin waren die Fenchelsamen eben fertig getrocknet, besaßen also noch ein sehr kräftiges Aroma. Alternativ eignen sich auch Kümmelsamen.

Für 4 Personen

1 Huhn (etwa 1,5 kg), küchenfertig vorbereitet
1 Knoblauchzehe, angedrückt
200 ml Olivenöl
Salz und frisch gemahlener schwarzer Pfeffer
½ TL Fenchelsamen, zerstoßen

Für die Füllung:
150 g Pancetta, ersatzweise ungeräucherter Bauchspeck, gehackt
2 Knoblauchzehen, gehackt
1 TL gehackte frische Petersilie
2 frische Salbeiblätter
1 TL Fenchelsamen, zerstoßen

Das Huhn waschen und sorgfältig trockentupfen. Die Knoblauchzehe 1 Stunde in das Olivenöl legen. Den Backofen auf 180 °C vorheizen oder den Holzkohlengrill vorbereiten.

Für die Füllung den Speck mit dem gehackten Knoblauch, der Petersilie, dem Salbei und den Fenchelsamen vermischen.

Das Huhn innen salzen und pfeffern, mit dem Großteil der Speckmischung füllen und die Öffnung mit Küchengarn oder einem kleinen Spieß verschließen. Die restliche Füllung in die Halsöffnung geben.

Das Huhn zum Grillen möglichst auf einen Drehspieß stecken. Von außen großzügig salzen und pfeffern, mit den zerstoßenen Fenchelsamen bestreuen und mit dem Knoblauchöl bestreichen. Besonders schmackhaft gelingt es auf dem Holzkohlengrill – benötigt werden etwa 40 Minuten, bis es richtig gar und schön gebräunt ist, dabei das Huhn gelegentlich mit weiterem Öl bestreichen. Im Backofen beträgt die Garzeit 25 – 30 Minuten, auf einem Drehspieß auch etwas weniger. Es ist gar, wenn beim Einstechen in den Schenkel klarer Fleischsaft austritt.

Das Huhn erst bei Tisch tranchieren.

POLLO ALL'ARETINA

Huhn mit Erbsenreis

Während meine Großmutter in diesem Gericht stets ein älteres Huhn verarbeitete, würde man heute natürlich ein junges Tier verwenden. Vor allem die herzhafte Sauce, die sich so wundervoll mit Brot auftunken ließ, ist mir noch in schönster Erinnerung.

Für 6 Personen

1 Huhn (etwa 1,2 kg), küchenfertig vorbereitet
¼ l trockener Weißwein
2 große Zwiebeln, gehackt
Salz und frisch gemahlener schwarzer Pfeffer
Hühner- oder leichte Fleischbrühe
300 g Risottoreis, möglichst Arborio
40 g Butter
300 g ausgepalte frische Erbsen

Das Huhn waschen, in Stücke zerlegen und trockentupfen.

Die Hälfte des Weins in eine große Schmorpfanne gießen und die Zwiebeln darin weich kochen. Die Hühnerstücke einlegen und dünsten, bis sie etwas Farbe angenommen haben. Salzen, pfeffern, mit dem restlichen Wein begießen und noch etwa 30 Minuten garen, dabei gelegentlich etwas heiße Brühe zugießen, damit das Fleisch nicht austrocknet.

Unterdessen den Reis einige Minuten ankochen, abseihen und gründlich abtropfen lassen.

Die Butter in einer tiefen Pfanne zerlassen, den Reis einrühren, salzen und pfeffern. Mit heißer Brühe eben bedecken, dann die Erbsen zufügen. Den Reis nun wie einen Risotto häufig rühren und jedes Mal, wenn er die Flüssigkeit aufgenommen hat, weitere Brühe hinzufügen.

Den fertig gegarten Reis zum Huhn in die Schmorpfanne geben und alles 2–3 Minuten gründlich vermischen. Das Gericht mit Salz und Pfeffer abschmecken und in der Pfanne servieren.

CHIANTI
FRESCOBALDI

QUAGLIE IN FAGOTTO

Wachteln in Brotteig

In ihrer Umhüllung bewahren die Wachteln ihren Wildgeschmack besonders gut. Den Teigmantel mit zu verspeisen ist kein Muss, aber auch keine Sünde. Mein Cousin Juliano verehrte mir dieses Rezept. Er besitzt ein Restaurant in den Hügeln oberhalb von Florenz und ist ein ebenso passionierter Jäger wie begnadeter Koch.

Für 4 Personen

8 Wachteln, küchenfertig vorbereitet
Salz und frisch gemahlener schwarzer Pfeffer
24 frische Salbeiblätter
4 frische Lorbeerblätter
Butter
Etwa 16 Scheiben Frühstücksspeck
250 g Brotteig (siehe Focaccia, Seite 24)
2 EL Olivenöl

Den Backofen auf 180 °C vorheizen.

Die Wachteln waschen, sorgfältig trockentupfen, innen und außen salzen und pfeffern. Jeweils ein Salbeiblatt, ein halbes Lorbeerblatt sowie ein walnussgroßes Stück Butter in die Bauchhöhlen legen. Die Vögel mit den Speckscheiben umwickeln, dabei hier und da noch ein Salbeiblatt unterschieben.

Den Brotteig nochmals durchkneten und dabei das Olivenöl einarbeiten. Ziemlich dünn ausrollen und acht Stücke ausreichender Größe ausschneiden – es soll jeweils eine Wachtel darin verpackt werden. Die Vögel einzeln in die Teigblätter hüllen und die Ränder sorgfältig zusammendrücken.

Eine ofenfeste Form buttern, die Wachteln nebeneinander hineinlegen, mit zerlassener Butter bestreichen und etwa 30 Minuten im Ofen backen. Der austretende Fleischsaft verleiht dem umhüllenden Teig einen wundervollen Geschmack.

OCA AL FORNO

Gebratene Gans

Bei uns zu Hause kam diese Gans am Tag der Weizenernte auf den Tisch, und natürlich bildete sie auch das klassische Weihnachtsessen oder vielmehr dessen vierten Gang. Zuvor gab es Crostini und andere Antipasti, eine Fleischbrühe mit Tortellini als Einlage sowie ein Fischgericht. Nach der Gans folgten dann sechs bis sieben süße Zubereitungen. Ein solches Festmahl begann um zwei Uhr und dauerte bis weit in den Abend hinein. In der Toskana wird eine Gans nur leicht rosa gebraten, die Garzeit ist also wesentlich kürzer.

Für 6 Personen

1 Gans (3,6–4,5 kg) mit der Leber, küchenfertig vorbereitet
Frische Rosmarinzweige
Frische Salbeiblätter
Grob zerstoßener schwarzer Pfeffer
Grobes Salz
Etwa 200 ml trockener Weißwein

Für die Füllung:
2–3 EL Olivenöl
1 Zwiebel, gehackt
2 frische Salbeiblätter
Salz
Frisch geriebene Muskatnuss
Etwa 750 g entrindetes Weißbrot
Etwa 600 ml Hühner- oder leichte Fleischbrühe
1 Hand voll grüne Oliven, entsteint und gehackt
2 Knoblauchzehen, gehackt
Je 1 TL gehackte frische Petersilie, Thymian und Lorbeerblätter
Frisch gemahlener schwarzer Pfeffer

Den Backofen auf 190 °C vorheizen.

Die Gänseleber beiseite legen und das Tier, falls erforderlich, nochmals sorgfältig abflämmen, waschen und abtrocknen.

Für die Füllung das Olivenöl in einer Pfanne erhitzen und die Zwiebel mit den Salbeiblättern glasig schwitzen. Inzwischen die Gänseleber hacken, zur Zwiebel geben, mit Salz und Muskatnuss würzen, umrühren und 8 Minuten braten.

Das Brot in reichlich Brühe einweichen und ausdrücken.

Den Pfanneninhalt in eine Schüssel füllen, die Salbeiblätter entfernen und das Brot, die Oliven, den Knoblauch, die Kräuter, Salz und reichlich Pfeffer untermengen.

Die Gans mit der Mischung füllen, die Öffnung mit Küchengarn zunähen und den Vogel in einen mit Öl ausgestrichenen Bräter legen. Mit frischen Rosmarinblättchen, Salbeiblättern, zerstoßenem Pfeffer und grobem Salz bestreuen. Den Bräter ganz locker mit Alufolie abdecken, so bleiben die Kräuter und Gewürze zunächst an ihrem Platz.

Die Gans im Ofen braten, dabei regelmäßig wenden und mit dem Fond begießen. Bei einem Exemplar von etwa 3,6 kg beträgt die Garzeit 2½–3 Stunden, für weitere 450 g rechnet man jeweils 10 Minuten. Den Fond nach Bedarf ein- bis zweimal entfetten.

Sobald die Gans ringsum schön gebräunt ist, die Oberfläche mit dem Wein besprengen – so bleibt das Fleisch feucht und die Haut löst sich besser. Wer jedoch knusprige Haut liebt, lässt diesen Schritt entfallen.

ANATRA ALL'ARETINA

Geschmorte Ente

Dieses Gericht war früher untrennbar mit der Erntezeit verbunden. Am besten gelang es einem Mann, der in der Ölmühle arbeitete. Wir brachten ihm immer die Ente, und er kochte sie nach diesem Rezept auf einem offenen Feuer. Ich habe sie immer mit ganz besonderem Genuss gegessen, mag dies an der Umgebung gelegen haben oder an der phantastischen Zubereitung.

Für 4 Personen

1,2 kg Ente, küchenfertig vorbereitet
90 ml Olivenöl
1 Zwiebel, gehackt
1 Möhre, gehackt
1 Stange Bleichsellerie, gehackt
Frische Salbeiblätter
150 g roher, ungeräucherter Schinken, gehackt
Salz und frisch gemahlener schwarzer Pfeffer
175 ml trockener Weißwein
600 g reife Tomaten, enthäutet, Samen entfernt
und püriert
Heiße Brühe nach Bedarf

Als Erstes prüfen, ob die Bürzeldrüse auch wirklich entfernt ist, sie würde dem Entenfleisch sonst einen bitteren Geschmack verleihen. Die Ente waschen, in Stücke zerlegen und mit einem sauberen Küchentuch trockentupfen.

Das Öl in einer Kasserolle erhitzen und die Zwiebel, die Möhre und den Sellerie mit einigen Salbeiblättern darin unter Rühren anbraten. Den Schinken und nach einigen Minuten die Entenstücke zufügen, von allen Seiten braun anbraten, salzen und pfeffern und den Wein zugießen. Den Alkohol bei erhöhter Temperatur verkochen lassen, dann die Tomaten dazugeben.

Die Ente 1–1½ Stunden schmoren, dabei häufig etwas Brühe zugießen, damit das Fleisch nicht austrocknet.

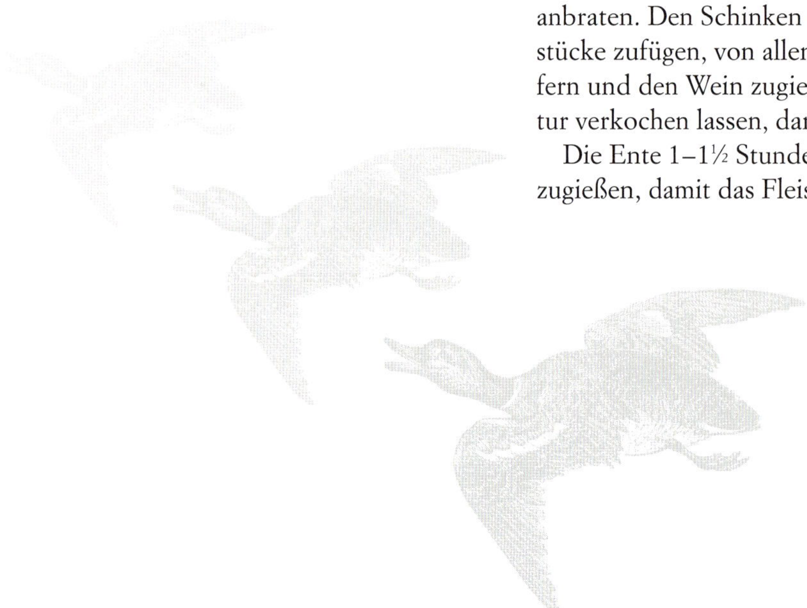

FAGIANO AL CARTOCCIO

Fasan in der Papierhülle

Auch dieses Rezept verriet mir mein Cousin Juliano. Seine Wildgerichte sind die besten, die ich bisher je gekostet habe. Wie die Wachteln in Brotteig (Seite 94) wird auch der Fasan in einer Hülle, diesmal jedoch aus Papier und Alufolie, gegart. Ihr Zweck ist es wieder, den köstlichen Wildgeschmack zu erhalten.

Für 4 Personen

1 Fasan
Butter
3 Wacholderbeeren
Frische Salbeiblätter
2 Knoblauchzehen
50 g roher, ungeräucherter Schinken, sehr fein gehackt
Salz und frisch gemahlener schwarzer Pfeffer
100 g Pancetta, ersatzweise ungeräucherter Bauchspeck, in Scheiben geschnitten
Frische Rosmarinblättchen
Schweinsnetz

Den Backofen auf 180 °C vorheizen.

Den Fasan, falls erforderlich, waschen und einige Minuten abtropfen lassen. Ein walnussgroßes Stück Butter, die Wacholderbeeren, einige Salbeiblätter, die Knoblauchzehen, den Schinken und eine Prise Salz in die Bauchhöhle füllen.

Von außen salzen und pfeffern, mit den Speckscheiben umwickeln, unter diese hier und da einige Rosmarinblättchen schieben und das Ganze mit Küchengarn fixieren.

Das Schweinsnetz kurz in kochendem Wasser blanchieren, bis es weich wird, und einige Minuten abtropfen lassen. Den Fasan zuerst in das Schweinsnetz, dann in eine Lage Pergamentpapier und schließlich in Alufolie wickeln.

In eine ofenfeste Form setzen und 40 Minuten im vorgeheizten Ofen braten.

Von der Umhüllung und dem Küchengarn befreien, auf einer vorgewärmten Platte anrichten und servieren.

FAGIANO ALLA PANCETTA

Fasan im Pancettamantel

Von meinem Cousin Juliano habe ich bereits einige Rezepte vorgestellt. Hier nun – und das nicht allein der Gerechtigkeit halber – eines von Romano, seinem Bruder. Er leitet heute die Hotelfachschule in Montecatini und ist ebenfalls ein exzellenter Koch.

Für 4 Personen

1 Fasan (1–1,2 kg), küchenfertig vorbereitet
Salz und frisch gemahlener schwarzer Pfeffer
200 g Pancetta, ersatzweise ungeräucherter Bauchspeck, sehr fein gehackt, dazu noch einige Scheiben zum Umwickeln
Frische Salbeiblätter

Den Backofen auf 180 °C vorheizen.

Den Fasan, falls erforderlich, innen und außen unter fließendem Wasser waschen und einige Minuten abtropfen lassen.

Innen salzen und pfeffern und mit dem gehackten Speck sowie einigen Salbeiblättern füllen.

Außen ebenfalls salzen und pfeffern, mit Speckscheiben umwickeln, unter diese hier und da ein Salbeiblatt schieben und das Ganze mit Küchengarn fixieren.

Den Fasan in eine gebutterte ofenfeste Form setzen und etwa 40 Minuten im vorgeheizten Ofen braten, dabei gelegentlich mit dem Fond beträufeln.

Das Küchengarn entfernen, den Fasan auf einer vorgewärmten Servierplatte anrichten und mit dem Fond übergießen.

FAGIANO AL TARTUFO NERO

Fasan mit schwarzen Trüffeln

Leider ist mein Freund Armando, dem ich dieses Rezept verdanke und der vormals die Hotelfachschule in Montecatini leitete, inzwischen in den Ruhestand getreten. Damit hat die toskanische Küche einen ihrer großartigsten Interpreten verloren.

Für 4 Personen

1 Fasan, möglichst mit der Leber
Salz und frisch gemahlener schwarzer Pfeffer
100 g roher, ungeräucherter Schinken, je zur Hälfte mager und fett, in Scheiben geschnitten
30 g schwarze Trüffeln
150 g Pancetta, ersatzweise ungeräucherter Bauchspeck, in Scheiben geschnitten
Frische Salbeiblätter
2–3 EL Butter zum Braten
3 Knoblauchzehen
¼ l trockener Weißwein, nach Bedarf auch mehr
Frisch geriebene Muskatnuss
150 ml Sahne

Die Fasanenleber, sofern vorhanden, beiseite legen. Den Fasan, falls erforderlich, innen und außen unter fließendem Wasser waschen und einige Minuten abtropfen lassen. Innen und außen salzen und pfeffern.

Den Schinken mit den Trüffeln im Mixer pürieren. Den Fasan mit der Mischung füllen, mit den Speckscheiben umwickeln, unter diese hier und da ein Salbeiblatt schieben und die Scheiben mit Küchengarn fixieren.

In einem großen, flachen Topf die Butter zerlassen und die Knoblauchzehen mit einigen Salbeiblättern kurz anschwitzen. Den Fasan hineingeben und rundum kräftig anbraten. Den Wein zugießen und den Fasan in etwa 40 Minuten zugedeckt gar schmoren, dabei nach Bedarf weiteren Wein zugießen, damit das Fleisch nicht austrocknet.

Den Fasan aus dem Topf nehmen, vom Speck befreien und in Stücke zerlegen, dabei die Füllung mit einem Löffel entfernen und beiseite legen. Das Fleisch auf einer vorgewärmten Servierplatte warm stellen und die Sauce zubereiten.

Die Leber hacken. Den Knoblauch und den Salbei aus dem Schmorfond entfernen, die Leber und die Füllung einrühren, mit Salz und Muskatnuss würzen. Einige Minuten köcheln lassen, dabei mit einem Holzlöffel rühren.

Die Sahne zugießen und in etwa 4 Minuten sanft einkochen lassen. Die Sauce durch ein Sieb passieren. Einen Teil der Sauce über dem Fasan verteilen, den Rest separat dazu reichen.

CONIGLIO ALLA CACCIATORA

Kaninchen in Rotweinsauce

Dieses Rezept gehörte zu den Spezialitäten meiner Mutter. Heute bereite ich es selbst sehr häufig zu Hause zu und genieße es nach wie vor. Die Sauce und der Geschmack sind einfach himmlisch. Polenta oder Ofenkartoffeln bilden die perfekte Ergänzung.

Für 6 Personen

1 Kaninchen (etwa 2 kg), in 12 Stücke zerlegt
6 Knoblauchzehen
3 große frische Rosmarinzweige
½ TL Salz
½ TL frisch gemahlener schwarzer Pfeffer
75 ml Olivenöl
½ Flasche Rotwein
1 EL Tomatenmark
300 ml warmes Wasser

Die Kaninchenstücke waschen und trockentupfen.

1 Knoblauchzehe zusammen mit den Blättchen von 1 Rosmarinzweig hacken, mit dem Salz und Pfeffer mischen und die Kaninchenstücke ringsum damit einreiben. 2 weitere Knoblauchzehen in feine Scheiben schneiden. Im Fleisch gleichmäßig verteilt Einschnitte anbringen und die Knoblauchscheiben sowie die Blättchen von 1 Rosmarinzweig hineinschieben.

Das Öl in einer Pfanne mit dem restlichen Knoblauch (ganze Zehen) und Rosmarin erhitzen und die Kaninchenstücke darin von allen Seiten anbraten. Den Wein so langsam zugießen, dass er stetig weiter kocht. Das Tomatenmark mit dem warmen Wasser einrühren.

Das Kaninchen in 45 Minuten zugedeckt gar schmoren.
(Foto Seite 83)

CONIGLIO IN TEGAME

Geschmortes Kaninchen

Hier ein weiteres Rezept meiner Mutter. Sie war ohnehin eine vorzügliche Köchin, bei diesem Gericht aber, das sie sonntags öfters für uns kochte, übertraf sie sich selbst! Mein Vater liebte es besonders, zumal er generell ein Faible für Geschmortes und Gegrilltes hegte. Kaninchen ist in der Toskana sehr populär, auch in dieser Variante.

Für 4 Personen

1 Kaninchen (etwa 1 kg), küchenfertig vorbereitet
1 EL Essig
Olivenöl zum Braten
3 Knoblauchzehen, gehackt
1 frischer Rosmarinzweig
Salz und frisch gemahlener schwarzer Pfeffer
90 ml trockener Weißwein
90 ml Wasser, nach Bedarf auch mehr

Das Kaninchen in mit dem Essig gesäuertem Wasser waschen, in Stücke zerlegen und mit einem sauberen Küchentuch trockentupfen.

Etwas Öl in einer Kasserolle erhitzen und den Knoblauch mit dem Rosmarin darin goldgelb anschwitzen. Die Fleischstücke zufügen, durchmischen und gleichmäßig anbraten. Salzen und pfeffern, mit dem Wein ablöschen und diesen bei niedriger Temperatur verkochen lassen.

Das Wasser zugießen und die Kaninchenstücke zugedeckt in 30–40 Minuten gar schmoren, dabei nach Bedarf weiteres Wasser zufügen, damit das Fleisch nicht austrocknet.

LEPRE ALL'AGRODOLCE

Hase in süßsaurer Sauce

Für 6 Personen

1 mittelgroßer Hase (2,7–3,6 kg), küchenfertig vorbereitet
3–5 EL Olivenöl zum Braten
1 EL gehackte frische Petersilie
2 Lorbeerblätter
50 g Pancetta, ersatzweise ungeräucherter Bauchspeck, fein gehackt
175 ml trockener Weißwein
350 g reife Tomaten, enthäutet, Samen entfernt und grob gehackt
Wildfond oder Hühnerbrühe nach Bedarf
¾ l trockener Weißwein

Für die Marinade:
175 ml Weinessig
1 Zwiebel, in Scheiben geschnitten
1 Stange Bleichsellerie, in Scheiben geschnitten
1 Möhre, in Scheiben geschnitten
1 Knoblauchzehe, in Scheiben geschnitten
2 Gewürznelken
3 Wacholderbeeren
Schwarze Pfefferkörner
1 Bouquet garni aus Rosmarin, Salbei, Petersilie und Lorbeerblättern

Für die süßsaure Sauce:
2 EL Zucker
1 EL Wasser
50 g Bitterschokolade, geraspelt
2 EL Essig
50 g Rosinen
70 g Pinienkerne
30 g Zitronat und Orangeat, fein gewürfelt

Bei meiner Großmutter väterlicherseits lernte ich dieses Gericht kennen. Vermutlich bereitete sie es vor allem meinem Vater zuliebe zu, der eine besondere Schwäche für süßsaure Speisen besaß. Ich hingegen brauchte eine Weile, um mich an diesen für die Toskana nicht gerade typischen Geschmack zu gewöhnen. Auch mit Rehfilet gelingt dieses Rezept – wichtig ist vor allem der unverwechselbare Wildgeschmack.

Den Hasen waschen, in Stücke zerlegen und trockentupfen.

Die Zutaten für die Marinade in eine tiefe Schüssel geben, die Hasenstücke einlegen und zugedeckt 24 Stunden marinieren.

Die Stücke aus der Marinade nehmen, abtropfen lassen und trockentupfen. Das Bouquet garni ebenfalls herausnehmen und – ohne die Lorbeerblätter – klein hacken.

In einer Kasserolle das Öl erhitzen und die gehackten Kräuter mit der frischen Petersilie, den Lorbeerblättern und dem Speck anschwitzen. Die Hasenstücke hineinlegen und von allen Seiten anbraten. Mit dem Wein ablöschen und diesen bei erhöhter Temperatur verkochen lassen.

Die Tomaten zufügen und die Hasen-stücke schmoren, dabei gelegentlich etwas heiße Brühe zugießen, damit das Fleisch nicht austrocknet. Sobald das Fleisch gar ist – das dauert etwa 70 Minuten – die Kasserolle vom Herd nehmen.

Für die Sauce den Zucker mit dem Wasser in einem kleinen Topf goldgelb karamellisieren. Die Schokolade einrühren und, sobald sie geschmolzen ist, den Essig zufügen. 2 Minuten köcheln lassen, dann die Rosinen, die Pinienkerne, das Zitronat und das Orangeat gründlich einrühren. Den Topf vom Herd nehmen.

Den Schmorfond absieben und zurück in die Kasserolle über die Hasenstücke gießen. Langsam die süßsaure Sauce einrühren und alles zusammen noch 10 Minuten köcheln lassen, damit sich die Aromen gut vermischen. Das Gericht heiß servieren.

FEGATINI CON FUNGHI TRIFOLATI

Hühnerleber mit geschmorten Steinpilzen

Nicht nur ihres günstigen Preises wegen erfreut sich Hühnerleber in der gesamten Toskana großer Beliebtheit. Sie hat auch eine höchst praktische Seite: Etwaige Reste lassen sich einfach hacken und in einer Pastasauce verwerten oder auch püriert zu einem Aufstrich für Crostini verarbeiten.

Für 4 Personen

400 g Hühnerlebern
400 g frische Steinpilze
50 g Butter
2 Knoblauchzehen, gehackt
1 EL gehackte frische Petersilie
Salz und frisch gemahlener schwarzer Pfeffer
5 EL trockener Weißwein
1 Zwiebel, gehackt
Frische Salbeiblätter
Frisch geriebene Muskatnuss

Die Hühnerlebern putzen und in Scheiben schneiden. Die Pilze sorgfältig mit einem feuchten Tuch abreiben und längs in Scheiben schneiden. (Pilze werden nur im äußersten Notfall gewaschen und anschließend gründlich trockengetupft.)

Die Hälfte der Butter in einer Pfanne zerlassen und den Knoblauch mit der Petersilie darin goldgelb anschwitzen. Die Pilze zufügen, einige Minuten anbraten, salzen und pfeffern, mit 2 Esslöffeln Wein ablöschen und gar schmoren.

In einem Topf die restliche Butter zerlassen und die Zwiebel mit dem Salbei darin weich dünsten. Die Hühnerleber zufügen, kurz anbraten, mit Salz, Pfeffer und Muskatnuss würzen und mit dem restlichen Wein beträufeln. Je nach Geschmack 7–10 Minuten garen – die Leber sollte innen noch rosa sein.

Die Hühnerleber auf einer vorgewärmten Platte anrichten, mit den Steinpilzen garnieren und servieren.

FLEISCH

Die Toskaner sind als Fleischesser bekannt, und das nicht von ungefähr: Chianina lautet der Name einer berühmten italienischen Rinderrasse, der vermutlich ältesten, größten und schwersten der Welt mit einem besonders hohen Filet- und Steakanteil, die in der Toskana (Chianatal) bis heute gezüchtet wird. In der traditionellen Küche meiner Heimat kam gutes Rindfleisch früher nicht vor, kaum jemand konnte sich ein Steak leisten. Im Höchstfall wurden in den ärmeren Familien weniger kostspielige Stücke zu Eintöpfen und Ragouts verarbeitet. So entstanden Klassiker wie Spezzatino alla Fiorentina (Seite 106), die heute als Delikatessen der Toskana gelten. Nach wie vor wird Steak nur bei besonderen Gelegenheiten zubereitet. Bei der Festa del Grillo, die am Himmelfahrtstag oft mit einem Picknick begangen wird, gehört es mit zum Ritual, eine Bistecca alla Fiorentina (Seite 112) über dem offenen Feuer zu braten.

AGNELLO MONTEALBANO (Rezept Seite 134) ▶

FETTINE DI MANZO SEMICOTTE

Halb gebratene Rindfleischscheiben

Wenn es die Haushaltskasse erlaubte, leisteten wir uns dieses Gericht. Meine Mutter kaufte dafür ganz mageres Fleisch und schnitt es in kleine Stücke, die sie so lange klopfte, bis man beinahe hindurchsehen konnte. Die Fleischscheiben wurden eben angebraten und dann großzügig mit Olivenöl beträufelt, dazu gab es reichlich frisch aufgebackenes Brot zum Auftunken. Am Ende waren sechs Personen von einem Stück gutem Fleisch satt und hoch zufrieden.

Eine Hand voll zarter Feldsalat bildet eine feine Beilage.

Für 4 Personen

1 kg Rinderfilet, in 12 Scheiben geschnitten
75 ml Olivenöl
4 Knoblauchzehen, angedrückt
175 ml trockener Weißwein
Salz und frisch gemahlener schwarzer Pfeffer
1 EL frisch gehackte Petersilie

Die Filetscheiben zwischen zwei kräftige Kunststofffolien legen – geeignet sind zum Beispiel Gefrierbeutel, Klarsichtfolie ist dagegen zu dünn und klebt am Fleisch. Die Scheiben hauchdünn klopfen, wie man es von italienischen Kalbsschnitzeln kennt.

Vier ofenfeste Teller unter dem Elektrogrill oder im Backofen möglichst stark erhitzen und sofort auf jeden drei Filetscheiben legen.

Das Olivenöl mit dem Knoblauch (nach Belieben auch in Scheiben geschnitten) erhitzen, bis es zischt. Den Wein behutsam einrühren und die Sauce wieder bis kurz vor dem Siedepunkt erhitzen. Den Knoblauch entfernen und die Sauce gleichmäßig über die vier Fleischportionen verteilen.

Mit Salz und Pfeffer sowie der Petersilie bestreuen und sogleich servieren.

SPEZZATINO ALLA FIORENTINA

Geschmortes Rindfleisch in Tomatensauce

Neben dem Schmoren sind das Braten und Grillen in der Toskana die einzig zulässigen Zubereitungsarten für Rindfleisch. Hier eines der zahlreichen Rezepte für die erste Kategorie. Übrig gebliebene Sauce schmeckt vorzüglich zu Pasta.

Für 4 bis 6 Personen

90 ml Olivenöl
800 g mageres Schmorfleisch vom Rind, grob gewürfelt
4 Knoblauchzehen
Frische Rosmarinblättchen
175 ml Rotwein
500 g reife Tomaten, enthäutet und gehackt
Salz und frisch gemahlener schwarzer Pfeffer

Das Öl in einem Topf erhitzen und das Fleisch mit dem Knoblauch und dem Rosmarin darin ringsum anbraten.

Den Rotwein hinzugießen und kräftig auf dem Topfboden schaben, um den Bratsatz zu lösen. Den Wein bei erhöhter Temperatur weitgehend verkochen lassen.

Die Tomaten zufügen, salzen und pfeffern. Das Fleisch bei niedriger Temperatur im geschlossenen Topf knapp 3 Stunden schmoren, bis es durch und durch zart ist. Nach Bedarf etwas warmes Wasser zugießen, damit die Sauce nicht zu sehr eindickt, und während der gesamten Garzeit immer wieder umrühren.

STRACOTTO ALLA FIORENTINA

Florentiner Rinderschmorbraten

Dieses Gericht ist in seiner Tradition das toskanische Gegenstück zum britischen Roastbeef. Das Fleisch wird ausgiebig in Rotwein und Tomaten geschmort, bis die Sauce dick und dunkel, fast schwarz ist. Ein typischer Festtagsschmaus!

Für 6 Personen

1 kg Schmorfleisch vom Rind (Hüfte oder Nacken)
250 g Pancetta, ersatzweise ungeräucherter Bauchspeck, in feine Streifen geschnitten
Frisch gemahlener schwarzer Pfeffer
2 Knoblauchzehen, in feine Scheiben geschnitten
90 ml Olivenöl
1 Zwiebel, gehackt
1 Möhre, gehackt
1 Stange Bleichsellerie, gehackt
175 ml Rotwein
500 g reife Tomaten, enthäutet, Samen entfernt und püriert
Salz
Leichte Rindfleischbrühe nach Bedarf

Das Fleisch in regelmäßigen Abständen mit einem scharfen, spitzen Messer einschneiden. Die Speckstreifen pfeffern, den Braten damit und mit den Knoblauchscheiben spicken und mit Küchengarn binden, damit er während des Schmorens in Form bleibt.

Das Öl in einer Kasserolle erhitzen und die Zwiebel mit der Möhre und dem Sellerie weich dünsten. Den Braten einlegen und von allen Seiten anbraten. Den Rotwein zugießen und in 2 Minuten verkochen lassen.

Die Tomaten zufügen, nach Geschmack salzen und pfeffern. Den Braten bei sehr niedriger Temperatur etwa 4 Stunden schmoren, dabei nach Bedarf etwas heiße Brühe zugießen, damit die Sauce nicht zu stark eindickt.

Den Schmorbraten vom Küchengarn befreien und auf einer vorgewärmten Platte anrichten. Aufschneiden, die Sauce durch ein Sieb darüber gießen und servieren.

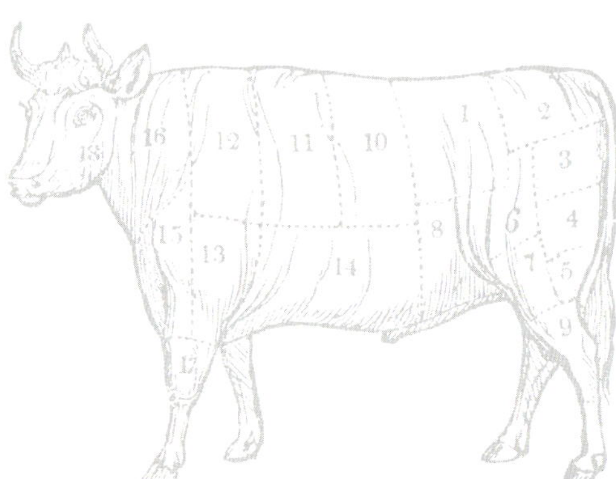

STRACOTTO CON CIPOLLE

Rinderschmorbraten mit Zwiebeln

Ursprünglich lernte ich dieses Gericht bei meiner Mutter kennen, die dafür einfach mageres Fleisch auswählte. Meine Schwester entwickelte später eine elegante Variante mit einem besonders guten Stück vom Rind wie etwa Steakfleisch. In der Toskana wird Rindfleisch oft stundenlang geschmort, was sich auch in dem Rezeptnamen andeutet: *stracotto* bedeutet »übergart, zerkocht«. Durch die lange Garzeit aber wird das Fleisch wunderbar weich und nimmt alle anderen Aromen auf.

Für 6 Personen

1 kg Schmorfleisch vom Rind (Brust)
2 Knoblauchzehen, in feine Scheiben geschnitten
50 g Pancetta, ersatzweise ungeräucherter Bauchspeck, in feine Streifen geschnitten
Schwarze Pfefferkörner
2 EL plus 175 ml Olivenöl
1 Möhre, gehackt
1 Stange Bleichsellerie, gehackt
1 EL gehackte frische Petersilie
1 kg Zwiebeln, in Scheiben geschnitten
1 EL Tomatenmark, in heißer Fleischbrühe verrührt
Salz und frisch gemahlener schwarzer Pfeffer
90 ml Rotwein
Leichte Fleischbrühe nach Bedarf

Das Fleisch in regelmäßigen Abständen mit einem scharfen, spitzen Messer einschneiden und mit den Scheiben von 1 Knoblauchzehe spicken. Die Speckstreifen in Pfefferkörnern wenden und diese kräftig andrücken, den Braten mit dem Speck ebenfalls spicken.

In einer Kasserolle 2 Esslöffel Öl erhitzen und das Fleisch von allen Seiten kräftig anbraten.

Gleichzeitig in einem zweiten Topf das restliche Öl erhitzen. Die Möhre, den Sellerie, die übrigen Knoblauchscheiben, die Petersilie und die Zwiebeln mit dem Tomatenmark hineingeben und dünsten, bis die Zwiebeln ganz weich sind und ausreichend Flüssigkeit abgegeben haben.

Das ringsum angebratene Fleisch salzen und pfeffern, mit dem Wein ablöschen und diesen verkochen lassen. Die Zwiebeln mit der Flüssigkeit zufügen und das Fleisch etwa 4 Stunden schmoren. Dabei gelegentlich heiße Brühe zugießen, damit das Fleisch nicht austrocknet.

Den Braten aufschneiden und auf einer vorgewärmten Servierplatte auf dem Zwiebelbett anrichten.

TAGLIATA DI MANZO

Rinderfilet mit Feldsalat

Zum ersten Mal aß ich diese Köstlichkeit bei Signora Guidotti, einer Nachbarin unserer Familie. Da der italienische Name für Feldsalat *(valerianella)* ganz ähnlich dem für Baldrian *(valeriana)* ist, dachte ich als Kind, die grünen Blättchen seien eine Medizin. Umso angenehmer war ich überrascht. Der Kontrast zwischen Heiß und Kalt ist sehr reizvoll, und so blieb es nicht aus, dass dieses Gericht in diversen Variationen zu allgemeiner Beliebtheit gelangte – ob als Vorspeise oder leichtes Hauptgericht.

Für 4 Personen

6 Hand voll Feldsalat
1,2 kg Rinderfilet, sorgfältig pariert
8 EL Olivenöl
4 EL Aceto Balsamico
Salz und frisch gemahlener schwarzer Pfeffer

Den Feldsalat verlesen, sorgfältig waschen und zum Abtropfen beiseite stellen.

Das Filet in vier gleich große Stücke schneiden und ohne Zugabe von Fett in einer schweren, möglichst gusseisernen Pfanne 1–2 Minuten von allen Seiten braten – das Fleisch soll innen noch rosa sein und einen rohen Kern behalten.

Den Feldsalat auf einer Servierplatte anrichten. Die Filetstücke schräg in 5 mm dicke Scheiben schneiden und auf (oder neben) dem Feldsalat verteilen.

In der noch sehr heißen Pfanne das Öl mit dem Essig sowie Salz und Pfeffer nach Geschmack gründlich verrühren, bis eine sämige Sauce entsteht. Den Salat und das Fleisch mit der heißen Sauce beträufeln und sogleich servieren.

BISTECCA ALLA FIORENTINA

Steak Florentiner Art

Über die Herkunft des italienischen Namens für Beefsteak, *bistecca*, kursieren diverse Theorien. Besonders plausibel erscheint folgende Erklärung: Die Vorsilbe *bi* spielt auf die Tatsache an, dass eine *bistecca* aus zwei Fleischteilen geschnitten wird, nämlich Filet und Lende. Der Rest des Wortes – *stecca* – bedeutet »Stock« und bezeichnet den gegabelten Ast, auf dem das Fleisch früher vor einem offenen Feuer gebraten wurde, wobei das austretende Fett gut abtropfen konnte, ohne das Fleisch in Rauch zu hüllen. Somit bedeutet *bistecca* also insgesamt »zwei an einem Stock«. Interessanterweise taucht der Begriff schon in kulinarischen Texten aus dem 10. und 11. Jahrhundert auf.

Das erste Mal aß ich eine *Bistecca alla Fiorentina* im Wonnemonat Mai. Zur Feier der Festa del Grillo, die auf den Himmelfahrtstag fällt, hatte unsere gesamte Familie mitsamt meinen Cousins einen Ausflug in die Hügel von Montealbano unternommen. Bei dieser Gelegenheit war mein Vater der Koch.

Für 2 Personen

1 Porterhouse-Steak (etwa 750 g)
Salz und frisch gemahlener schwarzer Pfeffer

Für die Marinade:
175 ml Olivenöl
Blättchen von 2 frischen Rosmarinzweigen
2 Knoblauchzehen, zerdrückt

Für die Marinade das Olivenöl in einer flachen Schüssel mit den Rosmarinblättchen und dem Knoblauch verrühren. Das Steak in dem Öl wenden und 24 – 48 Stunden im Öl marinieren.

Auf einem vorbereiteten Holzkohlengrill von beiden Seiten etwa 4 Minuten grillen, dabei immer wieder mit der Marinade bestreichen. Erst vor dem Servieren salzen und pfeffern.

Das Fleisch sollte innen noch rosa, also keinesfalls durchgebraten sein.

POLPETTONE ALLA CONTADINA

Hackbraten auf Bauernart

Der volkstümliche Name »falscher Hase« deutet an, dass ein solcher Hackbraten manches Mal wohl als Ersatz für einen richtigen Braten herhalten musste. Bei uns zu Hause war meine Großmutter für *Polpettone* zuständig.

Für 4 Personen

Für den Fleischteig:
3 altbackene Semmeln, entrindet
Milch
500 g Hackfleisch vom Rind
100 g roher, ungeräucherter Schinken, sehr fein gehackt
70 g frisch geriebener Parmesan
2 Eier
Salz, frisch gemahlener schwarzer Pfeffer und frisch geriebene Muskatnuss
Frische Semmelbrösel

Für die Sauce:
175 ml Olivenöl
1 Zwiebel, gehackt
1 Stange Bleichsellerie, gehackt
1 Möhre, gehackt
Einige EL trockener Weißwein
500 g reife Tomaten, enthäutet, Samen entfernt und püriert

Die Semmeln in Milch einweichen und ausdrücken. In einer Schüssel das Hackfleisch mit dem Schinken, dem Parmesan, den Semmeln und den Eiern gründlich vermengen, zuletzt mit Salz, Pfeffer und Muskatnuss abschmecken. Aus dem Fleischteig eine dicke Rolle formen, in Semmelbröseln wälzen und vollständig damit überziehen.

Für die Sauce das Öl in einem großen Topf erhitzen und die Zwiebel mit dem Sellerie und der Möhre darin kurz anschwitzen. Den Hackbraten einlegen, von allen Seiten anbraten, mit dem Wein beträufeln und, sobald dieser verkocht ist, die Tomaten zufügen. Den Topf schließen und den Hackbraten etwa 1 Stunde garen, dabei gelegentlich vorsichtig wenden.

Auf einer Servierplatte anrichten, aufschneiden und mit der Sauce überziehen.

SALSICCE CON LE CIME DI RAPE O SPINACI

Bratwürste mit Stengelkohl oder Spinat

Gute italienische Bratwürste bestehen zu hundert Prozent aus Fleisch – entweder vom Schwein oder vom Truthahn –, das grob gehackt und mit Kräutern und Gewürzen abgeschmeckt wird. Die aromatischen Zutaten variieren von Ort zu Ort, wobei Salz und Pfeffer aber niemals fehlen dürfen. In meiner Kindheit stellten wir unsere *salsicce* selbst her und legten sie in Olivenöl oder Schmalz ein, so hatten wir Vorräte für ein ganzes Jahr. Stengelkohl oder Spinat werden als Alternative zu Bohnen besonders gern als Beilage zu *salsicce* gereicht.

Für 4 Personen

500 g Stengelkohl oder Spinat
3 EL Olivenöl
500 g Salsicce (italienische Bratwürste)
Etwa 90 ml heißes Wasser
2 Knoblauchzehen, gehackt
Salz und frisch gemahlener schwarzer Pfeffer

Den Stengelkohl oder Spinat waschen und in dem anhaftenden Wasser dünsten, bis er gerade eben zusammenfällt. Abseihen und ausdrücken.

Das Öl in einer Kasserolle bei niedriger Temperatur erhitzen und die Würste 5 Minuten braten. Mit einer Gabel einstechen, damit das Fett austreten kann, und mit dem heißen Wasser beträufeln, damit sie nicht am Pfannenboden anhaften. Die Würste herausnehmen, sobald sie gar sind, und warm stellen.

Falls nötig, noch etwas Öl in die Kasserolle geben und den Knoblauch darin anschwitzen. Das Gemüse zufügen und knapp gar dünsten, salzen, pfeffern und gründlich durchmischen.

Die Würste einlegen, noch 10 Minuten in dem Gemüse ziehen lasssen und servieren.

UCCELLI SCAPPATI

Wurst-Hühnerbrust-Spieße

Der italienische Rezeptname, übersetzt »entwischte Vögel«, erklärt sich daraus, dass in der Toskana früher Drosseln auf dieselbe Weise zubereitet wurden. Die hier beschriebene Kombination von Zutaten täuscht einen leichten Wildgeschmack vor und bildet so einen zeitgemäßen Ersatz.

Für 6 Personen

3 Hühnerbrüstchen, ausgelöst und enthäutet
12 frische Wildschweinwürstchen
24 große frische Salbeiblätter
12 Brotwürfel mit 4 cm Kantenlänge
Olivenöl
Bestes Olivenöl zum Servieren

Den Backofen auf 190 °C vorheizen.

Die Hühnerbrüstchen in sechs Stücke etwa gleicher Größe schneiden und einzeln zu einer Wurstform zusammenrollen.

Die Zutaten auf sechs Spieße stecken, und zwar wie folgt: Wurst, Salbei, Brot, Salbei, Huhn, Salbei, Brot, Salbei, Wurst.

Die Spieße mit Olivenöl einpinseln und so in eine ofenfeste Form legen, dass die Enden auf dem Rand aufliegen und die Zutaten nicht mit dem Boden in Berührung kommen. In den Ofen schieben und etwa 25 Minuten braten.

Die Spieße vor dem Servieren nochmals mit bestem Olivenöl beträufeln und heiß genießen.

TRIPPA ALLA FIORENTINA

Kutteln in Tomatensauce

Mit Gelegenheitsjobs finanzierte ich mir früher ab und zu einen Kinobesuch. Wenn wir im Winter aus dem Kino kamen, stand davor ein Mann mit einem Karren und bot dieses Gericht feil. Für eine kleine Portion reichte das Geld immer. Sie mundete in diesem Moment ganz besonders köstlich, außerdem konnte man sich am Geschirr bestens die Hände wärmen.

Kutteln sind aus der traditionellen toskanischen Küche überhaupt nicht wegzudenken. Aus dem einstigen Essen der armen Leute ist inzwischen eine Delikatesse geworden, die in vielen Florentiner Edelrestaurants auf der Speisekarte steht.

Für 4 Personen

800 g Kutteln, bereits gekocht
90 ml Olivenöl
1 Zwiebel, gehackt
1 Möhre, gehackt
1 Stange Bleichsellerie, gehackt
500 g Tomaten, enthäutet, Samen entfernt und püriert, ersatzweise Dosentomaten
Salz und frisch gemahlener schwarzer Pfeffer
50 g frisch geriebener Parmesan

Die Kutteln in reichlich Wasser waschen, etwa 10 Minuten in kochendem Wasser blanchieren, abgießen und in Streifen schneiden.

Das Öl in einer Kasserolle erhitzen und die Zwiebel mit der Möhre und dem Sellerie weich dünsten. Die Kutteln zufügen, einige Minuten mitdünsten, dann die Tomaten dazugeben. Das Gericht zugedeckt etwa 30 Minuten köcheln lassen, dabei nach der Hälfte der Garzeit salzen und pfeffern.

Falls die Sauce zuletzt nicht ausreichend eingedickt ist, den Deckel abnehmen und alles bei erhöhter Temperatur noch einige Minuten einkochen lassen.

Erst unmittelbar vor dem Anrichten den Parmesan einrühren und das Gericht sofort sehr heiß servieren.

FEGATO ALLA FIORENTINA

Gebratene Kalbsleber

Ein Florentiner Gastronom überließ mir dieses Rezept. Sein Restaurant trägt den Namen »La Bettola« und wird viel von Studenten besucht, die häufig dieses beliebte Gericht bestellen. Es ist nicht nur vorzüglich, sondern schont auch den Geldbeutel.

Für 4 Personen

600 g Kalbsleber, in sehr dünne Scheiben geschnitten
Weizenmehl nach Bedarf
90 ml Olivenöl
2 Knoblauchzehen
Etwa 6 frische Salbeiblätter
Salz

Das Schneiden der Kalbsleber sollte möglichst der Metzger vornehmen, der das professionelle Werkzeug dafür besitzt. Die Leberscheiben im Mehl wenden.

In einer ausreichend großen Pfanne das Öl erhitzen. Den Knoblauch und die Salbeiblätter einige Minuten darin ziehen lassen, bis das Öl ihr Aroma angenommen hat, anschließend herausnehmen und wegwerfen.

Die Leber nebeneinander in das aromatisierte Öl legen und 1–2 Minuten von jeder Seite rasch braten. Erst zum Schluss salzen, weil die Leber sonst hart wird. Anschließend sofort sehr heiß servieren.

FRITTO MISTO DI CARNI

Ausgebackenes gemischtes Fleisch und Gemüse

Dieses Gericht kam in unserer Familie recht häufig auf den Tisch, wobei das Fleisch von Mal zu Mal variierte.

Für 4 Personen

250 g Artischocken
Zitronensaft
4 Lammkoteletts
250 g Hühner- oder Kaninchenleber, alternativ Kalbshirn, Kalbsleber und Kalbsbries
Salz
4 kleine Zucchini, längs in dünne Scheiben geschnitten

Für den Backteig:
2 Eier
Salz und frisch gemahlener schwarzer Pfeffer
3 EL Weizenmehl
1 EL Olivenöl
90 ml trockener Weißwein
Frisch geriebene Muskatnuss
Olivenöl zum Frittieren

Außerdem:
Zitronenscheiben zum Garnieren

Von den Artischocken die harten Außenblätter entfernen und wegwerfen. Die Spitzen der verbliebenen Blätter und die Fruchtspitze abschneiden. Die Artischocken waschen, die Stiele schälen und die Köpfe längs in Segmente schneiden, eventuell vorhandenes Heu entfernen. Etwa 30 Minuten in mit Zitronensaft gesäuertes Wasser legen, damit sie sich nicht dunkel verfärben.

Die Lammkoteletts klopfen. Hirn und Bries in reichlich kaltem Wasser waschen und einige Minuten in kochendem Salzwasser blanchieren. Abgießen, die Häutchen entfernen und ebenso wie die Leber in dünne Scheiben schneiden.

Für den Backteig in einer Schüssel die Eier mit Salz und Pfeffer verquirlen. Das Mehl, das Öl, den Wein und eine kräftige Prise Muskatnuss gründlich einrühren – es soll sich ein ziemlich flüssiger Teig ergeben.

In einem großen Topf reichlich Öl stark erhitzen – ein Würfel altbackenes Brot sollte in etwa 30 Sekunden gebräunt sein.

Die Fleischstücke portionsweise in den Teig tauchen und im heißen Öl etwa 5 Minuten ausbacken, zum Abtropfen auf Küchenpapier legen und warm stellen, bis alles verarbeitet ist.

Die Gemüsestücke ebenfalls durch den Backteig ziehen und 2–3 Minuten ausbacken.

Das Gericht auf einer vorgewärmten Platte anrichten, mit Zitronenscheiben garnieren und servieren.

ROGNONCINI ALL'ACETO BALSAMICO

Gebratene Kalbsnieren mit Aceto Balsamico

In Pistoia gibt es gleich am Markt ein Restaurant, das bekannt ist für seine erstaunlich vielfältigen Zubereitungen mit Innereien. Unter Liebhabern gilt es als Geheimtip. Sein Besitzer gab mir freundlicherweise das nachstehende Rezept. Ob dabei die Nieren in reichlich Öl gebraten oder aber frittiert werden, bleibt der jeweiligen Küchenausstattung (Fritteuse) vorbehalten.

Für 4 Personen

500 g Kalbsnieren, gewässert
2 Eier
Salz und frisch gemahlener schwarzer Pfeffer
Weizenmehl nach Bedarf
Olivenöl zum Braten

Zum Servieren:
Aceto Balsamico
Etwas gehackte glatte Petersilie (nach Belieben)
Zitronenspalten

Die Kalbsnieren einige Minuten in kochendem Wasser blanchieren und enthäuten, dafür einen kleinen Einschnitt vornehmen und die dünne Haut entfernen.

Die Nieren in etwa ½ cm dicke Scheiben schneiden und dabei auch die inneren Harnwege entfernen.

Die Eier mit Salz und Pfeffer nach Geschmack verquirlen. Die Nierenscheiben durch das Ei ziehen und dann im Mehl wenden.

Reichlich Öl in einer tiefen Pfanne stark erhitzen und die Nieren 5–6 Minuten braten – die Garzeit lässt sich nach Geschmack auch etwas verlängern, dann aber Vorsicht, denn die Nieren werden schnell hart.

Die Nierenscheiben auf Küchenpapier abtropfen lassen und auf einer vorgewärmten Platte anrichten. Mit etwas Balsamico beträufeln, nach Belieben mit etwas Petersilie bestreuen, mit Zitronenspalten garnieren und servieren.

INVOLTINI DI VITELLO

Kalbsrouladen, mit Salsiccia gefüllt

Wenn jemand in der Familie krank war, wurde als Trost und Stärkung dieses äußerst delikate Gericht zubereitet. Eine weitere köstliche Erste-Hilfe-Maßnahme war die Hühnersuppe, die ich auf Seite 18 beschrieben habe. Manchmal gab es sogar beides an einem Tag!

Für 4 Personen

600 g Kalbsschnitzel
150 g Salsiccia (milde italienische Schweinswurst), in Scheiben geschnitten
Frische Salbeiblätter
90 ml Olivenöl
1 Zwiebel, gehackt
1 Knoblauchzehe, gehackt
1 Möhre, gehackt
1 Stange Bleichsellerie, gehackt
90 ml trockener Weißwein
500 g reife Tomaten, enthäutet, Samen entfernt und püriert
Frische Basilikumblätter
Salz und frisch gemahlener schwarzer Pfeffer
Heißes Wasser oder Fleischbrühe

Die Schnitzel ziemlich dünn klopfen, dazu am besten zwischen Klarsichtfolie oder in einen Gefrierbeutel legen. Auf jedes Schnitzel einige Wurstscheiben und ein Salbeiblatt legen, aufrollen und die Rouladen mit Holzspießchen fixieren oder mit Küchengarn binden.

Das Öl in einer Pfanne erhitzen und die Zwiebel, den Knoblauch, die Möhre und den Sellerie unter Rühren darin anschwitzen. Die Rouladen einlegen, rundum anbraten, mit dem Wein übergießen und diesen verkochen lassen.

Die Tomaten und einige Basilikumblätter zufügen, nach Geschmack mit Salz und Pfeffer würzen. Das Gericht 5–10 Minuten leise köcheln lassen, dabei nach Bedarf etwas heißes Wasser oder Brühe zugießen, damit das Fleisch nicht austrocknet und genügend Sauce verbleibt.

UCCELLETTI FALSI

Kalbsröllchen, mit Schinken gefüllt

Ihren italienischen Namen, auf Deutsch »falsche Vögelchen«, erhielten diese Rouladen zum einen wegen ihrer Form und zum anderen wegen des verwendeten Salbeis, der dem Gericht eine leicht wildähnliche Note verleiht. Meine Mutter bereitete die Röllchen sehr gern zu, vor allem als Sonntagsessen.

Für 4 Personen

600 g Kalbfleisch (Oberschale), in Scheiben geschnitten
Roher, ungeräucherter Schinken, in Scheiben geschnitten
Frische Salbeiblätter
3 EL Olivenöl
2 Knoblauchzehen, angedrückt
1 Stange Bleichsellerie, gehackt
1 Möhre, gehackt
Salz und frisch gemahlener schwarzer Pfeffer
90 ml trockener Weißwein
500 g reife Tomaten, enthäutet, Samen entfernt
und grob gehackt

Die Fleischscheiben parieren und zwischen zwei Lagen Klarsichtfolie klopfen, auf jede eine Scheibe Schinken und ein Salbeiblatt legen. Die Scheiben aufrollen und die Rouladen mit Holzspießchen fixieren oder mit Küchengarn binden.

Das Öl in einer Kasserolle erhitzen und den Knoblauch darin goldbraun werden lassen, bis das Öl sein Aroma angenommen hat, anschließend herausnehmen und wegwerfen. Den Sellerie und die Möhre mit 2 Salbeiblättern in dem aromatisierten Öl kurz andünsten. Die Rouladen einlegen, anbraten und, sobald sich die Fleischporen geschlossen haben, salzen, pfeffern und mit dem Wein ablöschen. Bei niedriger Temperatur 15 Minuten garen.

Die Tomaten zufügen und das Gericht weitere 10 Minuten leise köcheln lassen, dabei nach Bedarf etwas heißes Wasser zufügen, damit das Fleisch nicht austrocknet und genügend Sauce verbleibt.

NODINO DI VITELLO AL POMODORO

Kalbskarree mit Tomatensauce

In italienischen Restaurants wird dieses Gericht recht häufig angeboten. Die hier verlangten Karreescheiben werden mit einer Sauce angerichtet, sie können aber auch einfach in Butter mit Salbei gebraten werden.

Für 4 Personen

4 Scheiben Kalbskarree (mit Lendenstück und Filet am Knochen)
Olivenöl zum Braten
Salz und frisch gemahlener schwarzer Pfeffer

Für die Tomatensauce:
3 EL Olivenöl
1 Zwiebel, gehackt
1 Knoblauchzehe, gehackt
350 g reife Tomaten, enthäutet, Samen entfernt und püriert
Salz und frisch gemahlener schwarzer Pfeffer
90 ml Rotwein

Zum Servieren:
Gehackte glatte Petersilie (nach Belieben)

Für die Sauce das Öl in einem Topf erhitzen und die Zwiebel mit dem Knoblauch darin weich schwitzen. Die Tomaten zufügen, mit Salz und frisch gemahlenem schwarzem Pfeffer würzen und etwa 10 Minuten köcheln lassen. Den Wein zugießen und die Sauce weitere 10 Minuten köcheln lassen.

Inzwischen das Fleisch in sehr wenig Öl von beiden Seiten braten und mit Salz und Pfeffer würzen. Auf einer vorgewärmten Servierplatte anrichten, mit der Sauce überziehen, mit Petersilie bestreuen und sogleich servieren.

ARROSTO DI VITELLO

Kalbsbraten

Jede Region Italiens kennt ein eigenes Rezept für diesen äußerst beliebten Braten. Nachfolgend beschreibe ich die toskanische Variante, die relativ unkompliziert und schlicht ist. Muskatnuss verleiht dem Braten eine aparte Note, Milch macht das Fleisch wunderbar zart. Eine herrliche Beilage dazu sind Röstkartoffeln, vor allem wenn sie aus der neuen Ernte stammen.

Für 4 Personen

700 – 800 g Kalbfleisch (aus der Keule)
Etwa 25 g Butter
2 Knoblauchzehen
90 ml Weinessig
Frisch geriebene Muskatnuss
½ l kalte Milch
Salz, frisch gemahlener Pfeffer

Den Backofen auf 180 °C vorheizen.

Das Fleisch mit Küchengarn binden, damit es während des Garens seine Form behält.

Die Butter in einer ofenfesten Kasserolle zerlassen und den Knoblauch darin einige Minuten braten. Das Fleisch einlegen und von allen Seiten kräftig anbraten. Mit dem Essig beträufeln und die Flüssigkeit einige Minuten verkochen lassen. Den Braten mit Muskatnuss würzen und die Milch zugießen.

Die Kasserolle schließen und den Braten im vorgeheizten Ofen in etwa 45 Minuten gar schmoren, dabei gelegentlich den Fond umrühren und das Fleisch damit begießen. Erst kurz vor Ende der Garzeit salzen und pfeffern.

Den Schmorfond durch ein Sieb auf eine vorgewärmte Servierplatte gießen und den Braten nach dem Entfernen des Küchengarns darauf anrichten. Erst bei Tisch aufschneiden.

ARISTA ALLA FIORENTINA

Schweinebraten Florentiner Art

Die Geschichte dieses Rezepts lässt sich bis zu einem Ökumenischen Konzil zurückverfolgen, das im Jahre 1438 in Florenz stattfand. Seinerzeit war nicht Latein, sondern Griechisch die gängige Sprache der Bischöfe und Kardinäle. So kommentierten sie den Schweinebraten, den man ihnen aufgetischt hatte, mit dem griechischen Ausruf *»aristo, aristo!«*, was so viel hieß wie »sehr gut, exzellent«. Damit hatte dieses Gericht seinen Namen ein für alle Mal weg. *Arista alla Fiorentina* gibt es in Delikatessengeschäften von Florenz fertig zu kaufen, auch scheibenweise als Füllung für Sandwiches.

Bitten Sie Ihren Metzger, das Fleisch vom Knochen zu lösen, nehmen Sie den Knochen jedoch mit nach Hause.

Für 8 Personen

1,5 – 1,6 kg Schweinskarree (mit dem Knochen)
3 Knoblauchzehen, fein gehackt
2 EL gehackte frische Rosmarinblättchen
Salz und frisch gemahlener schwarzer Pfeffer
4 Rosmarinzweige
4 EL Olivenöl

Den Backofen auf 180 °C vorheizen.

Ist das Fleisch noch nicht vom Knochen gelöst, diesen mit einem scharfen Messer in einem Stück entfernen und beiseite legen.

Den Knoblauch und den gehackten Rosmarin mit Salz und Pfeffer nach Geschmack vermischen. Mit einer dicken Spicknadel oder einem ähnlichen Gerät dicht unter der Schwarte durch die Länge des Fleisches stechen und in das entstandene Loch die Würzmischung füllen (am einfachsten mit einer Lochtülle hineinspritzen). Das Fleisch auf den Knochen legen, die Rosmarinzweige auflegen und alles mit Küchengarn zusammenbinden – der Knochen verleiht dem Fleisch beim Braten einen kräftigeren Geschmack.

Das Olivenöl in einem Bräter erhitzen, das Fleisch mit dem Knochen nach unten hineinlegen und kräftig salzen und pfeffern. 60 – 80 Minuten im vorgeheizten Ofen braten, dabei immer wieder mit dem Fond begießen.

Das Küchengarn und den Rosmarin entfernen. Das Fleisch vom Knochen heben und auf einer vorgewärmten Platte mit dem Fond anrichten.

Tipp:
Vorzüglich schmecken dazu Röstkartoffeln. Man kann die Kartoffeln auch einfach in Stücke schneiden und in etwa 20 Minuten im Bräter zusammen mit dem Fleisch garen.

ARROSTO DI CINGHIALE

Wildschweinbraten

Üblicherweise gab es Wildschweinbraten im November, der Hauptjagdsaison. Von einer unserer früheren Nachbarinnen namens Arduina erbte ich dieses Rezept. Statt Wildschwein können Sie auch Schweinskarree verwenden, das aber zuvor mindestens 48 Stunden in Rotwein marinieren muss.

Für 6 Personen

1,2 kg Wildschweinkarree, ausgelöst und gerollt
6 Knoblauchzehen, in dünne Scheiben geschnitten
100 g Pancetta, ersatzweise ungeräucherter Bauchspeck, in Scheiben geschnitten
Frisch gemahlener schwarzer Pfeffer
Olivenöl
175 ml Rotwein
Fleischbrühe nach Bedarf

Den Backofen auf 180 °C vorheizen.

Das Fleisch in regelmäßigen Abständen mit einem scharfen, spitzen Messer einschneiden und mit den Knoblauchscheiben spicken. Die Speckscheiben mit Pfeffer bestreuen und die Einschnitte damit bedecken. Den Braten mit Küchengarn binden.

Das Öl in einer ofenfesten Kasserolle erhitzen und das Fleisch darin von allen Seiten kräftig anbraten. Mit dem Rotwein begießen und diesen verkochen lassen. Die Kasserolle in den Ofen schieben und das Fleisch etwa 45 Minuten braten, dabei häufig drehen und immer wieder etwas heiße Fleischbrühe zugießen, damit es nicht austrocknet.

Das Fleisch vom Küchengarn befreien und mit den Speckscheiben und dem Fond anrichten.

AGNELLO AL FORNO

Lammkeule oder Lammschulter, im Ofen gebraten

In der Toskana wird Lamm ganz ähnlich zubereitet wie in Rom, und wie in der Ewigen Stadt schätzt man auch in meiner Heimat ganz junges, zartes Milchlamm. Dabei handelt es sich um Tiere, die nicht älter als 3 Monate werden. Am besten ist das Fleisch von 8–10 Wochen alten Tieren.

Für 6 Personen

1,2 kg Lammfleisch (Keule oder Schulter)
3 Knoblauchzehen, in dünne Scheiben geschnitten
3–4 frische Rosmarinzweige, zerteilt
Salz und frisch gemahlener schwarzer Pfeffer
¼ l Olivenöl
1 EL Weinessig

Das Fleisch in regelmäßigen Abständen mit einem scharfen, spitzen Messer einschneiden und mit den Knoblauchscheiben sowie Rosmarin spicken, anschließend salzen und pfeffern.

Das Öl und den Essig in einer Schüssel gründlich vermischen und das Fleisch darin 1 Stunde marinieren, dabei häufig wenden.

Den Backofen auf 200 °C vorheizen. Einen Bräter ohne Fett im Ofen erhitzen.

Das Fleisch in den Bräter legen, mit der Marinade übergießen und 45–60 Minuten im vorgeheizten Ofen braten, dabei häufig mit dem Fond begießen, damit es nicht austrocknet.

AGNELLO IN SALSA

Lammragout

Meine Großmutter hatte ein besonderes Händchen für Ragouts, und so kamen wir recht häufig in den Genuss dieses Gerichtes. Chilischoten werden in der Toskana zwar nicht so intensiv verwendet wie in südlicheren Gefilden Italiens, trotzdem schätzt man bei bestimmten Zubereitungen ihre Schärfe. Weniger feurig sind die Schoten – dies gilt für getrocknete und frische –, wenn man die Samen und nach Belieben auch die Scheidewände vorher entfernt.

Für 6 Personen

90 ml Olivenöl
2 Knoblauchzehen, gehackt
1 TL gehackte frische Petersilie
1 getrocknete rote Chilischote, gehackt
1 frischer Rosmarinzweig
1 kg Schmorfleisch vom Lamm, in Würfel geschnitten
Salz und frisch gemahlener schwarzer Pfeffer
90 ml trockener Weißwein
500 g reife Tomaten, enthäutet und in Stücke geschnitten

Etwas Öl in einer Kasserolle erhitzen, den Knoblauch mit der Petersilie, der Chilischote und dem Rosmarinzweig dazugeben und ihr Aroma an das Öl abgeben lassen.

Die Fleischwürfel in dem aromatisierten Öl von allen Seiten kräftig anbraten. Salzen und pfeffern, mit dem Wein ablöschen und diesen bei erhöhter Temperatur verkochen lassen.

Die Tomaten zufügen und das Fleisch etwa 1 Stunde schmoren, dabei nach Bedarf gelegentlich etwas heißes Wasser zugießen, damit es nicht austrocknet.

Das Ragout nochmals mit Salz und Pfeffer abschmecken und heiß servieren.

AGNELLO MONTEALBANO

Lammkeule mit schwarzen Oliven

Dieses Gericht stammt aus einem der schönsten Landstriche der Toskana, den Hügeln von Montealbano, die die Ebenen von Florenz und Lucca voneinander trennen. In dieser Gegend, unweit des berühmten Städtchens Vinci, das den großen Leonardo hervorgebracht hat, bin ich geboren und aufgewachsen.

Ich erinnere mich noch wie heute, wie mir das Wasser im Munde zusammenlief, wenn Nella, die Mutter meines besten Freundes Federico, diese Lammkeule briet. Der köstliche Duft entging mir nicht, und das obwohl die Familie meines Freundes 400 m entfernt von uns wohnte.

Für 6 Personen

3 EL Olivenöl
2,75 kg Lammkeule
1 große Zwiebel, in Scheiben geschnitten
2 EL Weinbrand
10 Knoblauchzehen
1 Fleischtomate, enthäutet, Samen entfernt und in Streifen geschnitten
15 frische Thymianzweige, mit Küchengarn zusammengebunden
150 ml Rotwein
Salz und frisch gemahlener schwarzer Pfeffer
175 g schwarze Oliven, abgespült und entsteint

Den Backofen auf 170 °C vorheizen.

Das Olivenöl in einer großen, ofenfesten Kasserolle erhitzen und die Lammkeule von allen Seiten gleichmäßig anbraten, danach aus dem Topf nehmen.

Die Zwiebel in dem verbliebenen Öl braten, bis sie karamellisiert. Die Lammkeule zurück in den Topf legen. Den Weinbrand in einem Töpfchen erhitzen, mit einem Streichholz anzünden und über das Fleisch gießen. Wer vor offenen Flammen großen Respekt hat, kann den Weinbrand auch esslöffelweise flambieren.

Den Knoblauch, die Tomate, das Thymiansträußchen und die Hälfte des Weins zum Fleisch geben, salzen und pfeffern und einen Deckel auflegen. Die Lammkeule im vorgeheizten Ofen 1 Stunde braten, dabei nach der Hälfte der Garzeit wenden. Den restlichen Wein und die Oliven hinzufügen und 1 weitere Stunde braten.

Die Lammkeule aus dem Ofen nehmen und, in Alufolie eingepackt, 15 Minuten ruhen lassen. Aufschneiden und auf einer Platte anrichten. Den Fond entfetten, den Thymian entfernen und die Sauce separat zur Lammkeule reichen.

(Foto Seite 105)

POLPETTE ALLA FIORENTINA

Gebratene Fleischküchlein (Frikadellen)

»Aus Alt mach Neu« lautet gewissermaßen das Motto dieses Rezeptes, denn es bietet eine hervorragende Möglichkeit der Resteverwertung. Ich könnte die große Terrakottaschüssel noch malen, in der meine Mutter den Fleischteig zubereitete.

Für 4 bis 5 Personen

150 g Kartoffeln
200 g altbackenes Weißbrot
Milch nach Bedarf
200 g Reste von gekochtem oder gebratenem Fleisch, sehr fein gehackt
40 g frisch geriebener Parmesan
1 EL gehackte frische Petersilie
1 Ei
Salz, frisch gemahlener schwarzer Pfeffer und frisch geriebene Muskatnuss
Frische Semmelbrösel nach Bedarf
Olivenöl zum Braten
Zitronenscheiben zum Garnieren

Die Kartoffeln ungeschält und unzerteilt kochen, abgießen und beiseite stellen. Sobald sie abgekühlt sind, pellen und nach Belieben fein zerstampfen oder durch die Kartoffelpresse drücken. Das Püree in eine große Schüssel füllen.

Unterdessen das Brot in Milch einweichen und anschließend ausdrücken.

Die Kartoffelmasse mit dem gehackten Fleisch, dem Parmesan, der Petersilie, dem Ei und dem Brot gründlich vermengen, mit Salz, Pfeffer und Muskatnuss würzen.

Aus dem Fleischteig Küchlein (es dürfen auch runde Bällchen sein) beliebiger Größe formen und in den Semmelbröseln wälzen.

In einer Pfanne Olivenöl stark erhitzen und die Küchlein darin auf beiden Seiten anbraten. Die Temperatur zurückschalten und in weiteren etwa 10 Minuten fertig braten.

Auf einer Platte anrichten, mit Zitronenscheiben garnieren und servieren.

FISCH UND MEERESFRÜCHTE

Es zieht mich nicht besonders zum Meer, obwohl ich in meinem Leben manchen Ozean überquert habe. Fisch aber liebe ich, er ist inzwischen beinahe mein Hauptnahrungsmittel. Als Kinder gingen wir in den Teichen und Flüssen der toskanischen Hügel zum Baden, und manchmal legten wir kleinere Teiche trocken, um die Aale darin zu fangen. Was mir von der Beute zustand, brachte ich meiner Mutter. Jeden Donnerstag kam nachmittags ein Mann ins Dorf geradelt, der in einem Korb gerade gefangene Fische anbot. Um sie frisch zu halten, bedeckte er sie einfach mit Feigenblättern. Am folgenden Tag servierte uns meine Mutter den traditionellen Freitagsfisch. Aufgrund der vielen Wasserläufe in der Toskana kennt die regionale Küche zahlreiche Rezepte für Aal und Forelle, die sich aber auf jeden Süßwasserfisch übertragen lassen. Nachfolgend sind auch einige Zubereitungsarten für Klippfisch beschrieben. Er ist in meiner Heimat sehr beliebt, selbst an der Küste, wo er aber nur im Winter eine Rolle spielt, wenn das Angebot an frischer Ware knapp ist. Von allen Regionen des Landes kann die Toskana das vielseitigste Rezeptrepertoire mit Fischen und Meeresfrüchten vorweisen, schließlich besitzt sie die längste Küste und dazu einige Inseln, zum Beispiel Elba. Die nachfolgenden Rezepte vermitteln nur eine Ahnung von dieser Vielfalt. Vielleicht finde ich ja eines Tages die Zeit, um ein eigenes Fischkochbuch zu schreiben.

SGOMBRO AL LIMONE CON OLIVE (Rezept Seite 160) ▶

ZUPPA DI COZZE

Miesmuschelsuppe

Schon als Kind freute ich mich, wenn Miesmuscheln Saison hatten und es diese Suppe gab. Unter den toskanischen Gerichten, die in italienischen Restaurants angeboten werden, nimmt sie eine herausragende Stellung ein.

Für 4 Personen

1,2 kg lebend frische Miesmuscheln
1 Hand voll frische Petersilie, gehackt

Für die Tomatensuppe:
90 ml Olivenöl
2 Knoblauchzehen, fein zerstoßen
1 EL gehackte frische Petersilie
500 g reife Tomaten, enthäutet, Samen entfernt und püriert
Salz und frisch gemahlener schwarzer Pfeffer
90 ml trockener Weißwein

Zum Servieren:
4 Scheiben altbackenes Weißbrot

Die Miesmuscheln abbürsten, entbarten und mehrmals in frischem Wasser waschen, geöffnete Exemplare wegwerfen.

Die Muscheln mit der Petersilie in einen Topf füllen und bei mittlerer Temperatur dämpfen, bis sie sich geöffnet haben, dabei den Topf gelegentlich rütteln. Abseihen und den Sud auffangen, noch geschlossene Muscheln aussortieren und wegwerfen. Den Muschelsud durch ein feines Sieb in eine Schüssel laufen lassen.

Für die Suppe das Öl in einer Kasserolle erhitzen und den Knoblauch mit der Petersilie darin anschwitzen. Die Tomaten zufügen, salzen und pfeffern und 15 Minuten köcheln lassen. Gelegentlich etwas heißes Wasser zugießen, damit die Suppe nicht zu dick wird.

Drei Viertel der Muscheln aus den Schalen lösen und gründlich unter die Suppe mischen. Den Wein und den Muschelsud einrühren und alles noch etwa 10 Minuten köcheln lassen.

Unterdessen die Brotscheiben rösten und in einzelne Suppenschalen legen. Die Suppe darüber schöpfen, mit den Muscheln in der Schale garnieren und servieren. Zitronenscheiben sind optische eine hübsche Ergänzung.

VONGOLE AL POMODORO

Venusmuscheln in Tomatensauce

In meiner Kindheit wurden Venusmuscheln an der herrlichen toskanischen Küste allerorten feilgeboten. Seinerzeit sammelten wir sie sogar noch selbst am Strand, was heute angesichts der Verschmutzung der Meere nicht mehr ratsam ist. Der regionale Name dieser schmackhaften Muscheln lautet *arselle.*

Für 4 Personen

1,5 kg Venusmuscheln

Für die Tomatensauce:
90 ml Olivenöl
2 Knoblauchzehen, angedrückt
750 g reife Tomaten, enthäutet und grob gehackt
Salz und frisch gemahlener schwarzer Pfeffer
1 EL gehackte frische Petersilie

Für die Sauce das Öl in einer Pfanne erhitzen und die Knoblauchzehen darin goldgelb schwitzen, anschließend herausnehmen und wegwerfen.

Die Tomaten in das aromatisierte Öl geben, salzen und pfeffern und bei sehr niedriger Temperatur etwa 20 Minuten köcheln lassen. 5 Minuten vor Ablauf der Zeit die Petersilie einrühren. Die Sauce durch ein Sieb passieren.

Unterdessen die Venusmuscheln in reichlich Wasser waschen. Gleichmäßig in einem weiten Topf verteilen und bei mittlerer bis hoher Temperatur zugedeckt dämpfen, bis sie sich geöffnet haben, dabei den Topf gelegentlich rütteln.

Den Topf vom Herd nehmen und die Muscheln aus den Schalen lösen, dabei noch geschlossene Exemplare aussortieren und wegwerfen. Die Muscheln in eine leicht geölte Kasserolle füllen, mit der Tomatensauce bedecken und noch etwa 5 Minuten köcheln lassen. Sogleich servieren.

Tipp:
Tomatensauce niemals mit dem Stabmixer oder in der Küchenmaschine pürieren, da die Scheidewände und Samen der Sauce einen Stich ins Gelbe verleihen. Verwenden Sie stattdessen ein Passiersieb, durch das Sie das Fruchtfleisch mit dem Rücken eines Löffels oder auch mit einem Spatel hindurchdrücken.

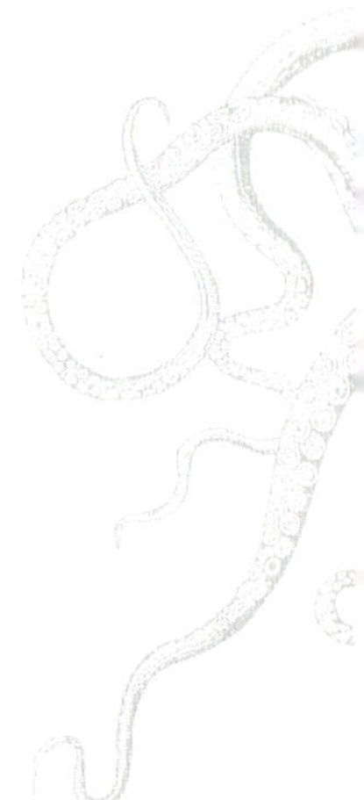

POLIPI IN PADELLA

Kleine Kraken in Knoblauchöl

Ich hatte einen guten Freund namens Tito, der uns mit seiner Familie immer zu Frühjahrsbeginn besuchte. Im Sommer machten wir den Gegenbesuch bei ihm zu Hause in Viareggio. Titos Mutter bereitete dann dieses Gericht mit zarten, kleinen Kraken zu, die sie am gleichen Morgen frisch auf dem Markt gekauft hatte. Wenn die Toskaner eine Einladung aussprechen, fragen sie nicht: »Wann kommt Ihr uns besuchen?«, sondern »Wann kommt Ihr, um *polipi* mit uns zu essen?« – oder *calamari* oder sonst etwas. Auf diese charmante Weise lud auch Titos Mutter uns immer ein.

Für 4 Personen

500 g kleine Kraken
90 ml Olivenöl
2 Knoblauchzehen, fein gehackt
1 EL gehackte frische Petersilie
Salz und frisch gemahlener schwarzer Pfeffer
Zitronenspalten zum Garnieren

Die Kraken so weit wie möglich häuten, die Augen und Kauwerkzeuge herausschneiden und den Tintenbeutel (falls noch vorhanden) entfernen. Die Tiere unter fließendem Wasser gründlich waschen, die Fangarme in feine Streifen, die Körperbeutel in Ringe schneiden.

Das Öl in einer Pfanne erhitzen und den Knoblauch mit der Petersilie darin einige Minuten anschwitzen.

Die Kraken zufügen und 2–3 Minuten unter Rühren anbraten, salzen und pfeffern und zugedeckt in etwa 15 Minuten fertig garen.

Mit Zitronenspalten garnieren und heiß servieren.

OSTRICHE ALLA LIVORNESE

Gebackene Austern

Der Chefkoch des Restaurants L'Amico in Viareggio verriet mir freundlicherweise dieses Rezept.

Für 4 Personen

24 Austern
2 Knoblauchzehen
2 EL gehackte frische Petersilie
1 kleine Zwiebel, grob gewürfelt
Eingesalzene Sardellen, abgespült
1 Hand voll frische Semmelbrösel
Olivenöl
Salz
Zitronenspalten zum Garnieren

Den Backofen auf 140 °C vorheizen.

Die Austern gründlich waschen und öffnen: Mit der gewölbten Seite nach unten fest in die Hand nehmen, mit einem Austernöffner am schmal zulaufenden Ende zwischen die Schalen fahren und das Scharnier durchtrennen. Die obere Schale jeweils abheben und wegwerfen. Darauf achten, dass das Austernwasser in den unteren Schalen nicht herausläuft.

Den Knoblauch, die Petersilie, die Zwiebel, die Sardellen sowie die Semmelbrösel im Mörser zerstoßen, dabei die Zutaten nacheinander verarbeiten.

Nach und nach so viel Öl einarbeiten, bis eine weiche Paste entsteht. Salzen. Die Paste auf die Austern verteilen.

Die Austern auf den Bratrost legen und etwa 20 Minuten im Ofen backen.

Mit Zitronenspalten anrichten und heiß servieren.

MUSCOLI RIPIENI ALLA PISTOIESE

Gefüllte Miesmuscheln

In der Toskana heißen Miesmuscheln *muscoli* – wörtlich übersetzt »Muskeln« –, während sie im übrigen Land als *cozze* bekannt sind.

Für 4 Personen

1,2 kg lebend frische, möglichst große Miesmuscheln
2 Knoblauchzehen, gehackt
1 EL gehackte frische Petersilie

Für die Füllung:
150 g Salsiccia (milde italienische Schweinswurst)
50 g Mortadella
1 Semmel, die Kruste abgerieben
1 Knoblauchzehe, gehackt
1 TL gehackte frische Petersilie
1 Ei, verquirlt
Salz und frisch gemahlener schwarzer Pfeffer

Für die Tomatensauce:
3 EL Olivenöl
1 Zwiebel, gehackt
1 TL gehackte frische Petersilie
500 g reife Tomaten, enthäutet, Samen entfernt und püriert
Salz und frisch gemahlener schwarzer Pfeffer

Den Backofen auf 180 °C vorheizen.

Die Miesmuscheln abbürsten, entbarten und mehrmals gründlich in frischem Wasser waschen, geöffnete Exemplare wegwerfen, sie könnten verdorben sein.

Die Muscheln mit dem Knoblauch und der Petersilie in einen Topf füllen und bei mittlerer Temperatur dämpfen, bis sie sich geöffnet haben, dabei den Topf gelegentlich rütteln. Abseihen und noch geschlossene Muscheln wegwerfen.

Unterdessen für die Füllung die Salsiccia und die Mortadella enthäuten und im Mixer vermahlen. Die Semmel in Wasser einweichen und ausdrücken. Mit der Wurstmasse, dem Knoblauch, der Petersilie und dem Ei vermischen, nach Geschmack salzen und pfeffern.

Für die Sauce das Öl in einer Kasserolle erhitzen und die Zwiebel mit der Petersilie darin einige Minuten anschwitzen. Die Tomaten zufügen, salzen und pfeffern und etwa 20 Minuten köcheln lassen. Die Sauce in eine geölte ofenfeste Form gießen.

Die Muscheln mit der Wurstmasse füllen und einzeln mit Küchengarn umwickeln, damit sie sich in der Hitze nicht öffnen.

Auf die Tomatensauce setzen und 20 Minuten backen. Vom Küchengarn befreien und heiß servieren.

CALAMARI CON BIETOLE

Kalmare mit Mangold

Bei meiner Tante Rimide lernte ich diese Zubereitung kennen und schätzen. Zu Hause kam sie nie auf den Tisch, denn mein Vater lehnte Gerichte aus der Fischküche, die nicht eindeutig nach Fisch aussahen, strikt ab. In der Toskana wird am liebsten ganz junger, zarter Mangold verwendet, Spinat bildet einen adäquaten Ersatz.

Für 4 Personen

600 g frische Kalmare
500 g Mangold
90 ml Olivenöl
2 Knoblauchzehen, gehackt
1 Zwiebel, gehackt
1 Möhre, gehackt
1 Stange Bleichsellerie, gehackt
1 EL gehackte frische Petersilie
1 kleines Stück getrocknete rote Chilischote
90 ml trockener Weißwein
Salz und frisch gemahlener schwarzer Pfeffer
350 g reife Tomaten, enthäutet, Samen entfernt und püriert

Die Kalmare gründlich waschen, enthäuten, die Augen, die Kauwerkzeuge und das transparente Fischbein entfernen. Die Tiere unter fließendem Wasser waschen und in feine Streifen beziehungsweise Ringe schneiden.

Den Mangold waschen und in dem anhaftenden Wasser kurz dünsten, bis er gerade eben zusammenfällt. Ausdrücken und grob hacken.

Das Öl in einer Kasserolle erhitzen und den Knoblauch, die Zwiebel, die Möhre, den Sellerie, die Petersilie und die Chilischote darin einige Minuten anbraten. Die Kalmarstücke gründlich untermischen, sodass sich die Aromen gut verbinden. Den Wein zugießen und, sobald er verkocht ist, den Mangold dazugeben, salzen und pfeffern.

Nach einigen Minuten die Tomaten einrühren und 30 Minuten köcheln lassen. Das Gericht in der Kasserolle servieren.

SEPPIE CON PISELLI

Tintenfisch mit Erbsen

Dieses Gericht stand bei meiner Tante Adrianna auf dem Programm, wenn die ersten Erbsen reif waren. Ich pflückte sie immer für sie in ihrem Gemüsegarten. Ganz frische Erbsen sind eine Köstlichkeit; sie schmecken so süß und zart, dass ich schon damals nicht widerstehen konnte und immer gleich einige direkt aus der Schote naschte.

Für 4 Personen

600 g Tintenfische (Sepien)
90 ml Olivenöl
2 Knoblauchzehen, gehackt
1 EL gehackte frische Petersilie
1 kleines Stück getrocknete rote Chilischote
Salz und frisch gemahlener schwarzer Pfeffer
90 ml trockener Weißwein
500 g reife Tomaten, enthäutet, die Samen entfernt und püriert
700 g frische Erbsen, ausgepalt

Die Tintenfische gründlich waschen, die Fangarme mit dem Kopf abschneiden und die Sepiaschale samt Eingeweiden und Tintenbeutel (falls noch vorhanden) entfernen. Die Fangarme vom Kopf trennen (Kopf wegwerfen), mit den Körperbeuteln unter fließendem Wasser waschen und in feine Streifen beziehungsweise Ringe schneiden.

Das Öl in einer Kasserolle erhitzen und den Knoblauch mit der Petersilie und der Chilischote darin einige Minuten anschwitzen – dabei nimmt das Öl ein intensives Aroma an.

Den Tintenfisch zufügen und gründlich rühren, sodass sich die Aromen gut verbinden, salzen und pfeffern. Den Wein zugießen und, sobald er verkocht ist, die Tomaten einrühren. Etwa 2 Stunden köcheln lassen, dabei nach Bedarf gelegentlich etwas heißes Wasser zugießen, damit das Gericht nicht austrocknet.

Zuletzt die Erbsen dazugeben und noch 30 Minuten mitgaren. Das Gericht sehr heiß servieren.

ZUPPA DI PESCE ALLA VERSIGLIESE

Schnelle Fischsuppe

Wer die Toskana etwas kennt, denkt bei dem Namen Versiglia sogleich an die Küste dieser Region. Von hier stammte meine Tante Derna, deren Handschrift das nachfolgende Rezept trägt. Im Grunde handelt es sich um die bequeme Version der lokalen Fischsuppe namens *Cacciucco* (Seite 163). Damit will ich meiner Tante nicht zu nahe treten, denn das echte *Cacciucco* bedeutet wirklich viel Arbeit. Die hier präsentierte Variante ist aber nicht nur unkomplizierter, sondern, wie Tante Derna immer betonte, auch besser. Servieren Sie sie in einzelnen Suppenschalen, garniert mit gehackter Petersilie und mit geröstetem Brot als Beilage.

Für 4 Personen

Für die Suppe:
90 ml Olivenöl
1 Knoblauchzehe, gehackt
½ Zwiebel, gehackt
1 Knurrhahn, küchenfertig vorbereitet
1 Meerbarbe, küchenfertig vorbereitet
225 g Seeteufel
2 ungeschälte Riesengarnelen
1 kleiner Taschenkrebs
300 ml trockener Weißwein
20 g Safranfäden
Salz und frisch gemahlener schwarzer Pfeffer

Für die Suppeneinlage:
4 Knurrhähne, küchenfertig vorbereitet und in Tranchen geschnitten
4 Meerbarben (je etwa 225 g), küchenfertig vorbereitet und in Tranchen geschnitten
8 Seeteufeltranchen (jeweils etwa 100 g)
8 Riesengarnelen, gewaschen
8 kleine Taschenkrebse, gewaschen, die Scheren angeknackt
12 große Miesmuscheln, gewaschen und entbartet

Das Olivenöl in einem großen Topf erhitzen und den Knoblauch mit der Zwiebel darin goldgelb anschwitzen. Die grob zerteilten Fische und die Krustentiere – alle gewaschen und trockengetupft – dazugeben und 10 Minuten anbraten. Den Wein mit dem Safran zufügen, einen Deckel auflegen und 40 Minuten leise köcheln lassen. Salzen und pfeffern, vom Herd nehmen und abkühlen lassen.

Die Krustentiere und Fische aus dem Topf nehmen und ausbrechen beziehungsweise häuten und filetieren. Den Sud durch ein Sieb streichen, zusammen mit dem Fleisch der Fische und Krustentiere in der Küchenmaschine mixen und in einen großen Topf gießen.

Alle Fischtranchen, die Riesengarnelen, die Taschenkrebse und die Miesmuscheln hineingeben und in etwa 15 Minuten garziehen lassen. Heraus kommt die beste Fischsuppe der Toskana!

Vor dem Servieren die Panzer der Taschenkrebse anknacken.

BACCALÀ BIANCO

Klippfischcreme

Baccalà, gesalzener und luftgetrockneter Kabeljau oder anderer Fisch, hat in der Toskana fast den Status eines Grundnahrungsmittels. Entsprechend umfangreich ist das Rezeptrepertoire, aus dem ich auf dieser Doppelseite drei Beispiele ausgewählt habe. Besonders reizvoll an dieser Fischspezialität ist die pikant salzige Note. Meine Mutter servierte dazu gekochte Kartoffeln, die sie mit bestem Olivenöl geradezu überschüttete.

Für 4 Personen

500 g Klippfisch
2 Knoblauchzehen
1 Stengel frische Petersilie
90 ml bestes Olivenöl
Frisch gemahlener schwarzer Pfeffer
Kerniges Weißbrot in Scheiben

Den Klippfisch über Nacht (mindestens 24 Stunden) wässern, und zwar am besten unter langsam fließendem Wasser. Alternativ das Wasser mehrfach wechseln.

Den Fisch in reichlich ungesalzenem Wasser mit dem Knoblauch und der Petersilie 20–30 Minuten bei geringer Temperatur köcheln lassen. Abgießen, gründlich abtropfen lassen, Haut und Gräten entfernen.

Den Klippfisch grob zerpflücken und mit dem Olivenöl in einer Schüssel mit einem Holzlöffel fein zerdrücken. Die Creme nach Geschmack mit frisch gemahlenem schwarzem Pfeffer würzen.

Auf Brotscheiben streichen und servieren.

BACCALÀ E CECI

Klippfisch mit Kichererbsen

Mein Onkel Nando liebte Kichererbsen in jeglicher Zubereitung und Kombination. Speziell für ihn kochte meine Tante häufig dieses Gericht.

Für 4 Personen

600 g Klippfisch
200 g Kichererbsen
Salz

Zum Servieren:
Bestes Olivenöl
Frisch gemahlener schwarzer Pfeffer

Den Klippfisch über Nacht (mindestens 24 Stunden) wässern, dabei das Wasser mehrfach wechseln. Die Kichererbsen ebenfalls über Nacht einweichen.

Die Kichererbsen abgießen, abspülen und in etwa 35 Minuten in reichlich frischem Wasser gar kochen, erst gegen Ende der Garzeit salzen. Abseihen.

Unterdessen den Fisch abseihen, abspülen, in Stücke schneiden und in ungesalzenem Wasser bei geringer Temperatur etwa 10 Minuten köcheln lassen. Abseihen, Haut und Gräten entfernen.

Den Fisch auf einer vorgewärmten Servierplatte mit den Kichererbsen anrichten. Mit bestem Olivenöl beträufeln und schwarzen Pfeffer darüber mahlen.

Tipp:
Auch Kichererbsen sowie Borlotti- oder Cannellini-Bohnen aus der Dose eignen sich für diese Zubereitung, sofern sie nur in Wasser sterilisiert sind. Abseihen, mit warmem Wasser abspülen, 1 Minute kochen und abtropfen lassen.

BACCALÀ ALLA FIORENTINA

Klippfisch mit Tomatensauce

Neben dem *Baccalà bianco* (links) erfreut sich dieses Rezept für Klippfisch in der Toskana ganz besonderer Beliebtheit. Wie ich bei früherer Gelegenheit schon angedeutet habe, schätzen die Toskaner Saucen, die sich zuletzt mit Brot auftunken lassen. Dafür ist diese Zubereitung bestens geeignet.

Für 4 Personen

600 g Klippfisch
90 ml Olivenöl
1 Knoblauchzehe, angedrückt
1 Zwiebel, gehackt
500 g reife Tomaten, enthäutet und grob gehackt
Frisch gemahlener schwarzer Pfeffer
Weizenmehl nach Bedarf
1 EL gehackte frische Petersilie zum Garnieren

Den Klippfisch über Nacht (mindestens 24 Stunden) wässern, dabei das Wasser mehrfach wechseln.

Den Fisch abspülen, eventuell vorhandene Flossen abschneiden, entgräten und einen Teil der Haut abziehen. Den Fisch in Stücke schneiden und mit einem sauberen Küchentuch oder Küchenpapier trockentupfen.

Etwas Öl in einem Topf erhitzen, den Knoblauch mit der Zwiebel einige Minuten darin anschwitzen und den Knoblauch wieder entfernen, sobald er goldbraun angelaufen ist. Die Tomaten zufügen, pfeffern und etwa 15 Minuten köcheln lassen.

Unterdessen die Fischstücke im Mehl wenden. In einer Pfanne etwas Olivenöl erhitzen und den Fisch darin von beiden Seiten goldbraun braten. In eine leicht geölte Kasserolle legen.

Die Tomatensauce durch ein Sieb streichen und den Fisch damit überziehen. Bei geringer Temperatur 6–7 Minuten durchziehen lassen, mit der Petersilie bestreuen und sogleich servieren.

ANGUILLA MARINATA

Sauer marinierter gebratener Aal

Nachstehend das einzige Gericht, bei dem mein Vater von seiner kategorischen Ablehnung aller Zubereitungen aus der Fischküche, die nicht eindeutig nach Fisch aussehen, abrückte. Wenn ich einen Aal fing, bereitete meine Mutter ihn meist auf diese Weise zu. Er muss vor dem Servieren 48 Stunden marinieren.

Für 4 Personen

1 Aal (etwa 1 kg)
Kleie oder grobes Meersalz zum Abreiben des Aals
Weizenmehl nach Bedarf
Olivenöl zum Braten

Für die Marinade:
1 l Rotweinessig
2 Knoblauchzehen
1 frischer Rosmarinzweig
1 kleine getrocknete rote Chilischote
Salz und schwarze Pfefferkörner

Den Aal nicht häuten, sondern rundum mit Kleie oder grobem Meersalz einreiben, kurz einwirken lassen und mit dem daran haftenden Schleim wieder abstreifen. Gründlich abwaschen, ausnehmen, den Kopf und die Flossen abschneiden und den Fisch in reichlich Wasser sorgfältig waschen. In etwa 6 cm lange Stücke schneiden, trockentupfen und in Mehl wenden.

Olivenöl in einer Pfanne erhitzen, die Aalstücke darin ringsum goldbraun braten, abtropfen lassen und in eine ausreichend große Schüssel legen.

Unterdessen den Essig mit den Knoblauchzehen, dem Rosmarin, der Chilischote, Salz und einigen Pfefferkörnern etwa 30 Minuten köcheln lassen. Die Marinade handwarm abkühlen lassen, den Aal damit übergießen und zugedeckt 48 Stunden marinieren.

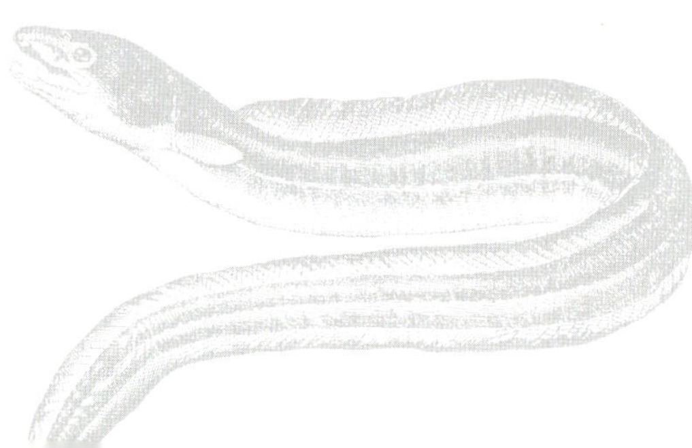

TRIGLIE ALLA LIVORNESE

Meerbarben mit Tomatensauce

Nur im Sommer, wenn es in der Sonne gereifte, aromatische Tomaten gibt, wurde in unserer Familie dieses köstliche Fischgericht zubereitet.

Für 4 Personen

8 kleine Meerbarben (je etwa 150 g)
Weizenmehl nach Bedarf
Olivenöl zum Braten
Salz
Gehackte frische Petersilie zum Garnieren

Für die Tomatensauce:
90 ml Olivenöl
3 Knoblauchzehen, zerdrückt
1 gehäufter EL gehackte frische Petersilie
500 g reife Tomaten, enthäutet und grob gehackt
Salz und frisch gemahlener schwarzer Pfeffer

Von den Fischen die Flossen in Richtung Kopf abschneiden, die Schuppen entfernen (ebenfalls in Richtung Kopf) und die Fische ausnehmen. Unter fließendem Wasser innen und außen waschen und sorgfältig trockentupfen.

Für die Tomatensauce das Olivenöl in einem Topf erhitzen und den Knoblauch mit der Petersilie unter Rühren darin anschwitzen. Die Tomaten zufügen, salzen und pfeffern und etwa 20 Minuten köcheln lassen. Die Sauce durch ein Sieb streichen.

Unterdessen die Fische im Mehl wenden, überschüssiges Mehl behutsam abschütteln. In einer Pfanne etwas Öl erhitzen, die Fische von beiden Seiten goldbraun braten, auf Küchenpapier kurz abtropfen lassen und salzen. In eine große, geölte Kasserolle legen und mit der Tomatensauce überziehen.

Noch etwa 5 Minuten bei geringer Temperatur durchziehen lassen, mit der Petersilie bestreuen und servieren.

TRIGLIE ALLA MAREMMANA

Meerbarben aus dem Ofen

Die Maremma ist ein Gebiet im Süden der Toskana, in deren Küche Schinken und Käse eine große Rolle spielen, aber auch nahmhafte Landweine. Mein Vater liebte Meerbarben aus dem Ofen.

Für 4 Personen

800 g Meerbarben
100 g roher, ungeräucherter Schinken, fein gehackt
20 g Butter

Für die Marinade:
175 ml trockener Weißwein
90 ml Olivenöl
Saft von ½ Zitrone
1 Knoblauchzehe, zerdrückt
Salz und frisch gemahlener schwarzer Pfeffer

Außerdem:
Frische Semmelbrösel nach Bedarf

Die Meerbarben vorbereiten, wie auf Seite 154 beschrieben. Unter fließendem Wasser waschen und einige Minuten abtropfen lassen.

Die Fische mit etwas Schinken und einem kleinen Stück Butter füllen und in eine Schüssel legen.

Aus dem Wein, dem Olivenöl, dem Zitronensaft, dem Knoblauch sowie je einer Prise Salz und Pfeffer eine Marinade rühren. Die Fische damit übergießen und einige Stunden abgedeckt marinieren, dabei mehrmals wenden.

Den Backofen auf 180 °C vorheizen.

Die Fische aus der Marinade nehmen, abtropfen lassen und in den Semmelbröseln wenden. Nebeneinander in eine geölte, ofenfeste Form legen und mit 2 Esslöffeln der Marinade beträufeln. 20–25 Minuten im vorgeheizten Backofen garen, zwischendurch wiederholt mit Marinade beträufeln, damit das Fleisch nicht austrocknet.

In der Form servieren.

BIANCHETTI ALLA VERSIGLIESE

Kleine Sardinen oder Sardellen mit Rührei

Auch dieses Gericht stammt aus der Küstenregion der Toskana, die unter dem Namen Versiglia bekannt ist. Traditionsgemäß verwendet man dafür kleine Sardellen oder Sardinen. Reste verwertete meine Mutter, mit etwas Tomatensauce vermischt, am folgenden Tag als Pastasauce.

Für 4 Personen

400 g kleine Sardellen oder Sardinen
90 ml Olivenöl
1 Zwiebel, fein gehackt
2 Eier
Salz und frisch gemahlener schwarzer Pfeffer
Saft von 1 Zitrone

Die Fischchen waschen und gründlich abtropfen lassen.

In einer Schmor- oder Bratpfanne das Öl erhitzen und die Zwiebel darin glasig schwitzen. Die Fischchen hinzufügen und etwa 2 Minuten braten, dabei ständig durchmischen.

Die Eier mit Salz und Pfeffer und der Hälfte des Zitronensaftes verquirlen, in die Pfanne gießen und rühren, bis sie gerade eben gestockt sind.

Das Gericht mit dem restlichen Zitronensaft beträufeln und sogleich servieren.

TORTA DI ACCIUGHE

Sardellenpastete

Eine herzhafte Angelegenheit, die sich auch gut transportieren lässt und damit wie geschaffen ist für ein Picknick. Meine Mutter bereitete diese Pastete immer an ihrem Brotbacktag zu.

Falls Sie keine frischen Fische bekommen, verwenden Sie in Salz eingelegte, aber keinesfalls in Olivenöl konservierte Sardellen.

Für 4 Personen

Für den Teig:
300 g Weizenmehl
2 Eier
1 Messerspitze Salz
30 g weiche Butter

Für die Füllung:
1 Hand voll eingesalzene Sardellen
250 g Zwiebeln, in dünne Scheiben geschnitten
1 EL gehackte frische Petersilie
Salz und frisch geriebene Muskatnuss
Olivenöl

Das Mehl auf eine Arbeitsfläche häufen und mit den Eiern, dem Salz und der Butter rasch zu einem glatten Teig zusammenkneten. An einem kühlen Ort, zugedeckt mit einem sauberen Küchentuch, 30 Minuten ruhen lassen.

Unterdessen die Sardellen gründlich abspülen und einige Minuten abtropfen lassen. Den Backofen auf 220 °C vorheizen.

Den Teig in zwei etwas ungleiche Portionen teilen und beide auf der bemehlten Arbeitsfläche nicht zu dünn ausrollen. Eine leicht geölte Pieform mit 25 cm Durchmesser und herausnehmbarem Boden mit dem größeren Teigblatt auskleiden.

Zunächst die Zwiebeln auf dem Teigboden und darauf die Sardellen verteilen, mit der Petersilie bestreuen, mit Salz und Muskatnuss würzen und mit etwas Olivenöl beträufeln.

Die Füllung mit dem kleineren Teigblatt abdecken und die Teigränder ringsum sorgfältig zusammendrücken. Die Pastete in etwa 25 Minuten goldbraun backen.

PESCE SPADA IN UMIDO

Geschmorter Schwertfisch

Dieses Rezept meiner Frau Letizia durfte, wie ich fand, hier nicht fehlen. Schwertfisch wird traditionell geschmort, nur selten gegrillt. Das Grillfieber ist in der Toskana erst vor wenigen Jahren ausgebrochen, als sich der neue Trend für schlichte, flache Zubereitungen verbreitete.

Für 4 Personen

600 g Schwertfisch in Scheiben
175 ml Olivenöl
1 Zwiebel, fein gehackt
1 Möhre, fein gehackt
1 Hand voll fein gehackte frische Petersilie
500 g reife Tomaten, enthäutet, Samen entfernt und püriert
250 g Kartoffeln, geschält und in mittelgroße Stücke geschnitten
90 ml Vin Santo (Dessertwein)
Salz und frisch gemahlener schwarzer Pfeffer

Die Schwertfischscheiben waschen, mit Küchenpapier trockentupfen und in größere Stücke schneiden.

Die Hälfte des Öls in einem Topf erhitzen und die Zwiebel mit der Möhre und der Petersilie einige Minuten unter Rühren darin anschwitzen. Die Tomaten zufügen und die Sauce etwa 20 Minuten köcheln lassen.

Die Kartoffeln dazugeben und 5–10 Minuten mitköcheln.

Das restliche Öl in einer Kasserolle erhitzen und die Fischstücke von allen Seiten anbraten. Die Tomatensauce mit den Kartoffeln dazugeben und den Fisch zugedeckt 25 Minuten schmoren. Zwischendurch etwas heißes Wasser zugießen, damit das Gericht nicht austrocknet.

Mit Vin Santo beträufeln, nach Geschmack salzen und pfeffern und noch 5 Minuten durchziehen lassen.

SGOMBRO AL LIMONE CON OLIVE

Makrelen mit Zitrone und Oliven

Makrelen sind bekanntlich vergleichsweise preiswert. In der Toskana werden sie als »Thunfisch der armen Leute« apostrophiert. So griff auch meine Mutter manchmal zu dieser Sparversion, was mich aber niemals störte, da ich Makrelen sogar den Vorzug gebe.

Für 4 Personen

2 Makrelen, filetiert
5 Zitronen, 2 davon unbehandelt
Salz und frisch gemahlener schwarzer Pfeffer
100 g große schwarze griechische Oliven
20 Stengel glatte Petersilie
5 EL Olivenöl

Die Makrelenfilets behutsam unter fließendem kaltem Wasser waschen, mit Küchenpapier trockentupfen und in eine weite Schüssel legen.

Von den unbehandelten Zitronen die Schale hauchdünn abschälen, in ein verschließbares Glas füllen und beiseite stellen. Den Saft aller Zitronen auspressen und in einer kleinen Schüssel mit Salz und Pfeffer gründlich verrühren. Die Fischfilets damit begießen, mit Klarsichtfolie abdecken und über Nacht im Kühlschrank durchziehen lassen.

Den Backofen auf 200 °C vorheizen.

Die Oliven entsteinen und zusammen mit der Petersilie fein hacken. Die Zitronenschalen in sehr feine Streifen schneiden und die drei Zutaten gründlich vermischen.

Vier passend zurecht geschnittene Stücke Alufolie dünn mit Öl einpinseln. Je 1 Fischfilet darauflegen und mit je 1 Esslöffel Zitronenmarinade und Olivenöl beträufeln. Gleichmäßig mit der Olivenmischung bestreuen und die Folie sorgfältig verschließen. 15 Minuten im vorgeheizten Ofen garen.

Die Makrelen in der geöffneten Folie anrichten und sofort servieren.
(Foto Seite 137)

TONNO UBRIACO

Thunfisch in Rotweinsauce

Auf den toskanischen Märkten gehört Thunfisch neben Schwertfisch und Seebarsch meist zum Standardangebot. Ich habe für diese Zubereitung einen Chianti gewählt, doch eignet sich auch ein anderer trockener Rotwein.

Für 4 Personen

90 ml Olivenöl
1 Knoblauchzehe, angedrückt
1 Zwiebel, in Scheiben geschnitten
1 EL gehackte frische Petersilie
4 frische Thunfischscheiben
1 EL Weizenmehl
175 ml Chianti
Salz und frisch gemahlener schwarzer Pfeffer

Das Öl in einer großen Pfanne erhitzen und den Knoblauch, die Zwiebel und die Petersilie einige Minuten anschwitzen. Den Knoblauch wieder entfernen, sobald er goldgelb angelaufen ist.

Die Thunfischscheiben nebeneinander in die Pfanne legen, auf beiden Seiten braun braten, pfeffern, salzen und wieder herausnehmen.

Das Mehl einstreuen und unter Rühren den Bratfond binden. Nach 2 Minuten den Wein einrühren und einmal kräftig aufkochen. Die Temperatur herunterschalten, den Thunfisch in die Sauce legen und noch 5 Minuten schmoren lassen. Sogleich servieren.

TONNO UBRIACO ▶

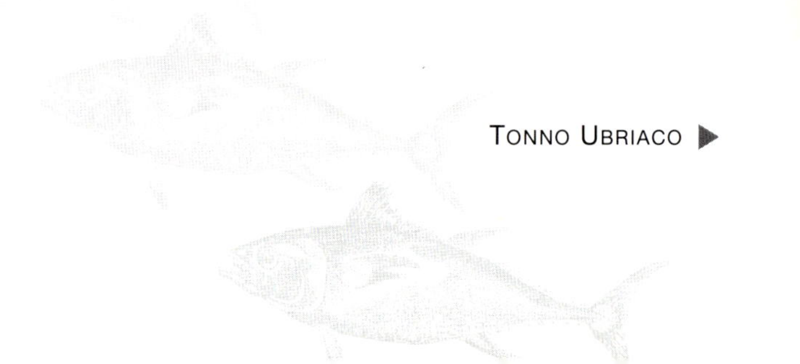

TROTE ALLA MUGNAIA

Forellen Müllerinart

Die toskanische Küche kennt so manches Rezept für Forellen, die in den Seen der Region wie auch in den künstlich geschaffenen Teichen im Apennin zahlreich vertreten sind. Manchmal unternahm unsere Familie einen Ausflug in die Natur. Meine Schwester pflückte Sträuße aus Wildblumen, während ich mich als Forellenangler versuchte. Eigentlich sollte man dafür eine Schnur mit Haken verwenden, doch klappte es auch mit einem Netz.

Für 4 Personen

4 Forellen (je etwa 250 g), küchenfertig vorbereitet
90 ml Olivenöl
2 Knoblauchzehen, gehackt
Weizenmehl nach Bedarf
Salz
90 ml trockener Weißwein
1 EL gehackte frische Petersilie zum Garnieren

Die Forellen waschen und trockentupfen.

Das Öl in einer großen Pfanne erhitzen und den Knoblauch darin anschwitzen. Die Forellen im Mehl wenden, in die Pfanne legen und in etwa 10 Minuten von beiden Seiten goldbraun braten. Salzen. Auf einer vorgewärmten Platte anrichten.

Den Bratfond mit dem Wein ablöschen und den Alkohol kurz verkochen lassen. Die Sauce über die Forellen gießen, mit der Petersilie bestreuen und sofort servieren.

PESCIOLINI FRITTI

Frittierte Fischchen

Früher aßen wir dieses Gericht häufig im Sommer, dazu gab es einfach einen knackigen Salat. Diese kleinen Fische gehören in der Toskana zu den beliebtesten frittierten Fischzubereitungen.

Für 4 Personen

600 g sehr kleine Fluss- oder Meeresfische
Weizenmehl nach Bedarf
Olivenöl zum Frittieren oder Braten
Salz
Zitronenspalten zum Garnieren

Die Fischchen (mit Kopf und Schwanz) in reichlich Wasser waschen und gründlich abtropfen lassen. Im Mehl wenden und anschließend in einem Sieb das überschüssige Mehl vorsichtig abschütteln.

Reichlich Öl in einer tiefen Pfanne kräftig erhitzen. Die Fischchen portionsweise hineingeben und etwa 3 Minuten frittieren.

Mit einer Schaumkelle aus dem Öl heben, sobald sie knusprig und appetitlich gebräunt sind, und auf Küchenpapier abtropfen lassen.

Salzen, mit Zitronenspalten anrichten und sogleich servieren.

CACCIUCCO

Traditionelle toskanische Fischsuppe

Diese bekannte Spezialität ist gleichsam der Inbegriff toskanischer Hausmannskost – sie könnte ebenso »Mutters Fischeintopf« heißen. In meiner Heimat ist sie so allgegenwärtig wie die *Bouillabaisse* in der Provence. Tatsächlich geht die Rede, dass die Franzosen das Rezept abgekupfert haben.

Für 4 Personen

1,5 kg gemischte Fische und Meeresfrüchte, z.B. Seezunge, Drachenkopf, Tintenfische, Garnelen, Scheidenmuscheln und Miesmuscheln)
Olivenöl
1 Zwiebel, gehackt
1 EL gehackte frische Petersilie
3 Knoblauchzehen
1 Stückchen getrocknete rote Chilischote
300 g reife Tomaten, enthäutet und grob gehackt
350 ml trockener Weißwein
Salz und frisch gemahlener schwarzer Pfeffer

Zum Servieren:
4 Scheiben altbackenes Weißbrot
1 Knoblauchzehe, halbiert

Die Fische küchenfertig vorbereiten, waschen, in Tranchen oder Stücke schneiden und trockentupfen – auch die Köpfe waschen und beiseite legen. Die Tintenfische und Garnelen ebenfalls küchenfertig vorbereiten. Die Muscheln sorgfältig waschen und dämpfen, nicht geöffnete Exemplare wegwerfen.

Etwas Öl in einer ausreichend großen Kasserolle erhitzen und die Zwiebel mit der Petersilie darin weich schwitzen.

Unterdessen den Knoblauch mit der Chilischote im Mörser zerstoßen und die Paste unter die Fischstücke mischen. Diese in die Kasserolle geben und etwa 4 Minuten braten. Die Fischstücke herausnehmen und über heißem Wasser warm und feucht halten, damit das Fleisch nicht zäh wird.

Die Tomaten in die Kasserolle geben und 10 Minuten köcheln lassen. Die Fischköpfe zufügen, mit dem Wein übergießen, salzen und pfeffern. 30 Minuten köcheln lassen, dabei nach Bedarf heißes Wasser zugießen.

Samt den Fischköpfen über einem sauberen Topf durch ein Sieb mit groben Löchern streichen. So viel heißes Wasser oder Fischfond einrühren, dass eine nicht zu dicke Suppe entsteht. Aufkochen, die angebratenen Fischstücke sowie sämtliche Meeresfrüchte dazugeben und etwa 10 Minuten garziehen lassen.

Inzwischen das Brot rösten, mit den Knoblauchhälften einreiben und in einzelne Suppenschalen legen. Die Suppe darüber schöpfen und sogleich servieren.

REIS

Nicht nur in Risottos kommt Reis in der Toskana zum Einsatz, sondern ebenso als Suppeneinlage und in Salaten. Italien ist bekannt für seine Pizza und Pasta. Dabei wird meist die Tatsache vergessen, dass der Reis, der Ende des 10. Jahrhunderts von venezianischen Kaufleuten nach Italien gebracht wurde, Anfang des neuen Jahrtausends verbreiteter war als die Nudeln.

Für Risotto verwendet man in Italien die Rundkornsorte »Japonica«. Nach China ist die Stiefelrepublik der zweitgrößte Erzeuger dieser Reissorte, insgesamt nehmen die italienischen Anbauflächen dafür 475 000 Hektar ein. Die Reisproduktion des Landes übertrifft bei weitem die von Getreide, weshalb der Großteil des von der Pastaindustrie verarbeiteten Hartweizens aus Kanada eingeführt wird.

Für einen Risotto wählen Sie möglichst Arborio-Reis, der sich durch seine runden, dicken, auffallend weißen Körner auszeichnet. Ein Reissalat verlangt dagegen nach gedämpftem chinesischem Reis, der nicht klebt. Eine weitere bekannte italienische Sorte trägt wegen ihrer Elfenbeinfarbe die Bezeichnung »Avorio«. Dieser Reis kann im Ofen gegart werden, da er stets körnig bleibt: Mit einer gehackten Zwiebel und einigen Lorbeerblättern in eine ofenfeste Form füllen, 2,5 cm hoch über den Reis mit Wasser bedecken und 25 Minuten garen – es müssen zuletzt noch die einzelnen Körner erkennbar sein. Den Reis mit einer Sauce als Hauptgericht servieren oder zu einem Reissalat verarbeiten. Mit einer cremigen Sauce ist diese Reissorte bedingt auch für Risotto geeignet. Arborio und Avorio sind Formen des Japonica-Typs.

Ungeachtet der jeweils unterschiedlichen Zutaten haben die meisten Risottos die gleiche Ausgangsbasis: Zwiebel, Möhre und Bleichsellerie, gemeinsam oder in beliebiger Zweierkombination fein gehackt und in Butter oder Olivenöl angeschwitzt. *Soffritto* heißt diese Mischung in der italienischen Küchensprache.

Ein Risotto wird in einer schweren Pfanne oder einer flachen Kasserolle zubereitet, die die Hitze gleichmäßig leitet und so verhindert, dass der Reis am Boden ansetzt. Das *soffritto* zubereiten, den Reis einstreuen und rühren, bis die einzelnen Körner gleichmäßig mit dem Fett überzogen sind und glasig schimmern. Einen Schöpflöffel Flüssigkeit zugießen – in Abstimmung mit den übrigen Zutaten verwendet man dafür Wasser, Fleisch-, Gemüse- oder Hühnerbrühe. Damit der Reis nicht ansetzt und eine cremige Konsistenz gewinnt, ständig rühren, bis die Flüssigkeit absorbiert ist, dann die nächste Schöpfkelle Flüssigkeit zugießen und wieder rühren. Ein Risotto muss immer feucht sein. Ob er mehr oder weniger fließt und die Reiskörner noch etwas fester oder eher weich sind, bleibt indes dem persönlichen Geschmack überlassen.

Risotto al Basilico (Rezept Seite 166) ▶

RISOTTO AL BASILICO

Basilikumrisotto

Dieser Risotto, den meine Mutter häufig im Sommer zubereitete, mundet am besten heiß. Wir mochten ihn so gern, dass sie stets mehr als nötig kochte. Die Reste aßen wir kalt am folgenden Tag, verfeinert mit etwas weiterem Olivenöl und Basilikum.

Für 4 Personen

1,6 l selbst hergestellte leichte Hühnerbrühe
30 frische Basilikumblätter
75 g Butter
1 EL Olivenöl
1 große Zwiebel, fein gehackt
375 g Risottoreis, möglichst Arborio
Salz und frisch gemahlener schwarzer Pfeffer

Außerdem:
30 frische Basilikumblätter
25 g Butter
4 EL frisch geriebener Parmesan, plus mehr zum Servieren

Die Hühnerbrühe mit den Basilikumblättern bei mittlerer Temperatur zum Kochen bringen und anschließend bei niedriger Temperatur 15 Minuten köcheln lassen. Dabei reduziert sich die Flüssigkeitsmenge auf etwa 1½ Liter.

Die Butter und das Öl in einer mittelgroßen Kasserolle bei mittlerer Temperatur erhitzen, bis die Butter geschmolzen ist, und die Zwiebel darin 5 Minuten glasig schwitzen. Den Reis einstreuen und 4 Minuten mit einem Holzlöffel rühren, bis die Reiskörner gleichmäßig mit dem Fett überzogen sind.

Die Basilikumblätter aus der köchelnden Brühe nehmen und gründlich unter den Reis mischen.

125 ml siedende Brühe zugießen und ständig mit dem Holzlöffel rühren, bis die Reiskörner die Flüssigkeit aufgenommen haben, dann wieder 125 ml Brühe zufügen und weiter rühren.

Wenn die gesamte Brühe aufgebraucht ist, sollte der Reis *al dente* sein. Den Risotto mit Salz und Pfeffer abschmecken.

Im letzten Augenblick die frischen Basilikumblätter fein hacken – am besten bitten Sie dafür jemanden um Hilfe, denn der Risotto muss einstweilen ständig weiter gerührt werden.

Den Topf vom Herd nehmen. Das Basilikum, die Butter und 4 Esslöffel Parmesan mit dem Holzlöffel gründlich unterziehen. Den Risotto heiß servieren und weiteren geriebenen Parmesan dazu reichen.

(Foto Seite 165)

POLPETTINE DI RISO AL SUGO

Frittierte Reisbällchen in Sauce

Landauf, landab sind diese knusprigen Reisbällchen in den italienischen Bars als Snack, vor allem zu einem Glas Wein, sehr beliebt. Sie heißen auch *Arancini di Riso* und sind manchmal mit Hackfleisch, Gemüse, gekochten Eiern oder Käse gefüllt. Hier werden sie in einer Sauce angerichtet.

Für 6 Personen

300 g Risottoreis, möglichst Arborio
Etwa 1,2 l Milch
150 g Reste von gekochtem oder gebratenem Fleisch, sehr fein gehackt
50 g frisch geriebener Parmesan
1 Hand voll gehackter frischer Majoran und Petersilie
1 kleine Semmel, entrindet und in Milch eingeweicht
1 Ei, verquirlt
Salz, frisch gemahlener schwarzer Pfeffer und frisch geriebene Muskatnuss

Für die Panade:
1 Ei
Salz und frisch gemahlener schwarzer Pfeffer
Weizenmehl nach Bedarf
Frische Semmelbrösel

Außerdem:
Olivenöl zum Frittieren
Bologneser Fleischsauce mit geringem Fleischanteil oder eine Tomatensauce

Den Reis in der Milch weich kochen, die überschüssige Flüssigkeit abgießen.

Den Reis in einer Schüssel mit dem gehackten Fleisch, dem Parmesan, dem Majoran und der Petersilie, der ausgedrückten Semmel, dem Ei und je etwas Salz, Pfeffer und Muskatnuss vermengen. Aus der Masse aprikosengroße Bällchen formen.

Für die Panade das Ei mit Salz und Pfeffer nach Geschmack verquirlen.

Die Reisbällchen im Mehl wenden, in dem Ei und dann in den Semmelbröseln rollen.

In einer tiefen Pfanne oder einem großen Topf reichlich Öl erhitzen, die Reisbällchen darin goldbraun und knusprig frittieren und zum Abtropfen auf Küchenpapier legen.

Die Tomaten- oder Fleischsauce in einer Kasserolle oder einer großen Pfanne erhitzen und die Reisbällchen nochmals einige Minuten darin ziehen lassen.

In dem Kochgeschirr servieren.

RISO E CASTAGNE

Kastanienrisotto

Wir aßen diesen Risotto oft am 2. November, dem Allerseelentag, denn zu dieser Zeit gibt es die delikat süßlich schmeckenden Früchte des echten Kastanienbaums in Hülle und Fülle. In diesem Rezept werden jedoch getrocknete Kastanien verwendet.

Für 4 Personen

300 g getrocknete Edelkastanien (Maronen)
Salz
½ l Milch
Frisch geriebene Muskatnuss
300 g Risottoreis, möglichst Arborio

Die Maronen über Nacht einweichen.

Abgießen, enthäuten und 25 Minuten in reichlich Salzwasser kochen. Mit einer Schaumkelle herausheben – keinesfalls abgießen, da das Kochwasser noch benötigt wird – und in einer Schüssel warm stellen.

Die Milch in das Kochwasser gießen, mit Muskatnuss würzen und aufkochen lassen. Insgesamt werden etwa 1,2 Liter Flüssigkeit benötigt, daher nach Bedarf weitere Milch oder Wasser hinzufügen.

Den Reis in eine Kasserolle füllen, mit einigen Schöpflöffeln der heißen Flüssigkeit begießen und bei mittlerer Temperatur rühren. Den Reis insgesamt etwa 25 Minuten garen, dabei ständig rühren und, sobald die Reiskörner die Flüssigkeit weitgehend aufgenommen haben, jeweils wieder einen weiteren Schöpflöffel Flüssigkeit zugießen.

Die Kastanien einrühren und noch etwa 5 Minuten durchziehen lassen.

Den Risotto dampfend heiß servieren.

RISOTTO CON LE SALSICCE

Risotto mit Salsiccia und Tomaten

Das Rezept lernte ich bei Adelide kennen, der Frau des Schneiders in unserem Ort. Sie lud mich gelegentlich zu diesem Risotto ein und machte mir damit eine besondere Freude, denn bei uns zu Hause gab es zu meinem großen Bedauern selten einen Risotto.

Für 4 Personen

200 g Salsiccia (milde italienische Schweinswurst)
90 ml Olivenöl
1 Zwiebel, in Scheiben geschnitten
300 g reife Tomaten, enthäutet, Samen entfernt und gehackt
Salz und frisch gemahlener schwarzer Pfeffer
Etwa 1,2 l kochende Brühe
300 g Risottoreis, möglichst Arborio
2 EL frisch geriebener Parmesan

Die Wurst enthäuten und das Brät zerkrümeln.

Das Öl in einer flachen Kasserolle oder schweren, tiefen Pfanne erhitzen und die Zwiebel darin weich schwitzen. Das Wurstbrät dazugeben und braun anbraten. Die Tomaten zufügen, salzen und pfeffern und alles 10 Minuten köcheln lassen. Nach Bedarf etwas heiße Brühe zugießen, damit die Sauce nicht zu dick wird.

Den Reis einstreuen, gründlich durchmischen, mit kochend heißer Brühe bedecken und unter Rühren köcheln lassen. Immer wieder weitere Brühe dazugießen, sobald die Reiskörner die Flüssigkeit aufgenommen haben – eventuell wird nicht die gesamte Brühe benötigt. In 25 Minuten ist der Reis gar.

Den Risotto mit Salz und Pfeffer abschmecken und unmittelbar vor dem Servieren den Parmesan einrühren.

RISOTTO ALLA CONTADINA

Gemüserisotto auf Bauernart

Eine Nachbarin von uns verriet mir dieses Rezept für einen herzhaften Risotto »quer durch den Gemüsegarten«. Je nach Saison können Sie die Zutaten vielfältig variieren.

Für 4 Personen

3 EL Olivenöl
50 g Schweineschmalz
1 Zwiebel, fein gehackt
1 Möhre, fein gehackt
1 Stange Bleichsellerie, fein gehackt
5 Basilikumblätter
300 g Kartoffeln, gewürfelt
150 g Zucchini, gewürfelt
300 g reife Tomaten, enthäutet, Samen entfernt und püriert
Salz und frisch gemahlener schwarzer Pfeffer
Etwa 1,2 l kochende Hühnerbrühe
300 g frische Erbsen, ausgepalt
300 g Risottoreis, möglichst Arborio
Frisches Basilikum zum Garnieren
Frisch geriebener Parmesan zum Servieren

Das Öl und das Schmalz in einem Topf erhitzen und die Zwiebel mit der Möhre, dem Sellerie und dem Basilikum glasig anschwitzen. Die Kartoffeln, die Zucchini und die Tomaten mitschwitzen, bis sie ganz vom Fett überzogen sind. Salzen und pfeffern und etwa 20 Minuten köcheln lassen, dabei nach Bedarf gelegentlich etwas heiße Brühe zugießen.

Die Erbsen dazugeben und, sobald sie nach etwa 2 Minuten gar sind, den Reis einstreuen. Gründlich durchmischen und mit kochend heißer Brühe bedecken.

Den Reis 20 Minuten garen, dabei ständig rühren und weitere Brühe zugießen, sobald die Reiskörner die Flüssigkeit weitgehend aufgenommen haben.

Den Risotto zuletzt mit Salz und Pfeffer abschmecken und heiß, mit Basilikum garniert, servieren. Seperat dazu frisch geriebenen Parmesan reichen.

RISOTTO CON CARCIOFI

Artischockenrisotto

Früher war Risotto vornehmlich ein Wintergericht, erst in jüngerer Zeit hat er sich zu einem ganzjährigen Dauerbrenner entwickelt. Äußerst delikat ist ein solcher Artischockenrisotto. Er gehörte zu den Lieblingsspeisen meines Vaters.

Für 4 Personen

6 Baby-Artischocken
Saft von 1 Zitrone
100 g roher, ungeräucherter Schinken, in Streifen geschnitten
2 Knoblauchzehen, angedrückt
1 EL gehackte frische Petersilie
1 EL Olivenöl (nach Bedarf)
Etwa 1,2 l kochende Gemüsebrühe
300 g Risottoreis, möglichst Arborio
Salz und frisch gemahlener schwarzer Pfeffer
2 El frisch geriebener Parmesan

Von den Artischocken die harten Außenblätter entfernen und wegwerfen, die Spitzen der verbliebenen Blätter abschneiden. Die Artischocken waschen und in mit Zitronensaft gesäuertes Wasser legen, damit sie sich nicht dunkel verfärben. Abgießen, gut abtropfen lassen und längs in Segmente schneiden.

In einer großen Kasserolle den Schinken mit dem Knoblauch und der Petersilie anbraten, dabei nach Bedarf das Olivenöl zufügen, damit nichts anbrennt.

Den Knoblauch entfernen, sobald er gebräunt ist. Die Artischocken zufügen, einige Minuten andünsten, mit einer halben Schöpfkelle kochend heißer Brühe begießen und 10 Minuten dünsten.

Den Reis einstreuen, salzen und pfeffern und mit kochend heißer Brühe bedecken. Bei niedriger Temperatur etwa 25 Minuten garen, dabei ständig rühren und weitere Brühe zugießen, sobald die Reiskörner die Flüssigkeit fast aufgenommen haben.

Unmittelbar vor dem Servieren den Parmesan einrühren.

RISOTTO CON FAGIOLI

Tomatenrisotto mit Cannellini-Bohnen

Ein wahrer Gaumenschmaus und äußerst nahrhaft dazu ist dieser Risotto, der auch am folgenden Tag, beträufelt mit bestem Olivenöl, vorzüglich schmeckt. In meinem Restaurant steht er nicht auf der Speisekarte, aber ich koche ihn gern zu Hause, wenn mir der Sinn nach etwas Besonderem steht.

Für 4 Personen

Für die Bohnen:
225 g getrocknete Cannellini-Bohnen
1 große Knoblauchzehe
2 Salbeiblätter
Salz und frisch gemahlener schwarzer Pfeffer

Für die Sauce:
2 rote Zwiebeln
1 große Knoblauchzehe
2 Möhren
1 Stange Bleichsellerie
10 Stengel glatte Petersilie
10 frische Basilikumblätter
100 g Pancetta, ersatzweise ungeräucherter Bauchspeck
5 EL Olivenöl
Salz und frisch gemahlener schwarzer Pfeffer
1 kräftige Prise Chiliflocken
750 g vollreife Tomaten oder Dosentomaten

Außerdem:
250 g Risottoreis, möglichst Arborio
Frische Basilikumblätter zum Servieren

Die Bohnen über Nacht in kaltem Wasser einweichen.

Am folgenden Tag abseihen und mit 1,2 Liter Wasser, dem Knoblauch und dem Salbei in einen mittelgroßen Suppentopf füllen. Bei mittlerer Temperatur zum Kochen bringen und anschließend bei niedriger Temperatur etwa 45 Minuten köcheln lassen. Die Bohnen sollen zwar gar, aber noch fest sein.

Abseihen – dabei das Kochwasser auffangen –, in eine Schüssel füllen, salzen und pfeffern und zugedeckt beiseite stellen.

Für die Sauce die Zwiebeln, den Knoblauch, die Möhren, den Sellerie, die Petersilie und das Basilikum grob hacken. Den Speck in sehr kleine Stücke schneiden.

Das Öl in einer großen Kasserolle bei niedriger Temperatur erhitzen und das gesamte Gemüse, die Kräuter und den Speck darin 20 Minuten dünsten, dabei häufig mit einem Holzlöffel rühren. Mit Salz, Pfeffer und den Chiliflocken würzen.

Frische Tomaten blanchieren, enthäuten, die Samen entfernen, Dosentomaten durch ein Sieb passieren; die Tomaten gründlich unter das Gemüse mischen und weitere 30 Minuten köcheln lassen. Von der Sauce ½ Liter über die Bohnen gießen, der Rest bleibt in der Kasserolle.

Für den Risotto das Bohnenwasser mit kaltem Wasser auf 1 Liter auffüllen und zum Kochen bringen.

Den Reis in die Sauce einstreuen und bei mittlerer Temperatur 4 Minuten ständig mit einem Holzlöffel rühren. 125 ml kochende Flüssigkeit zugießen und stetig mit dem Holzlöffel rühren, bis die Reiskörner die Flüssigkeit aufgenommen haben, dann wieder 125 ml Flüssigkeit zugießen, rühren usw.

Gleich nach der Zugabe der letzten Flüssigkeitsmenge die Bohnen rasch unter den Risotto mischen, mit Salz und Pfeffer abschmecken und ständig rühren, bis die gesamte Flüssigkeit vom Reis aufgenommen ist – die Reiskörner sollen gar, aber noch *al dente* sein.

Den Risotto auf einer vorgewärmten Platte anrichten, mit den Basilikumblättern, als kleine Sträußchen arrangiert, garnieren und sogleich servieren.

INSALATA DI RISO CON OLIVE

Reissalat mit Bohnen und Oliven

Im Sommer deckten wir den Tisch für das Abendessen häufig vor dem Haus. Die Tageshitze war einer wohl tuenden leichten Kühle gewichen. Am Himmel jagten sich übermütig die Schwalben, während im Westen hinter Livorno die Sonne unterging. Eine perfekte Kulisse für ein so köstliches Gericht!

Für 4 Personen

200 g Avorio-Reis
Salz
1 EL Olivenöl
100 g Frühstücksspeck, in Streifen geschnitten
450 g Cannellini- oder grüne Bohnen aus der Dose, abgetropft und abgespült
100 g magerer Schinken, gehackt
50 g eingelegte Sardellenfilets, abgetropft
10 große grüne Oliven, halbiert und entsteint

Für die Salatsauce:
2 Knoblauchzehen
1 Prise Chilipulver
2 Scheiben entrindetes Weißbrot, in Wasser eingeweicht und ausgedrückt
7 EL natives Olivenöl extra
1 EL Weißweinessig
Salz und frisch gemahlener schwarzer Pfeffer

Zum Servieren:
12 Stengel glatte Petersilie, gehackt
1 Prise gehackter frischer Majoran
Einige frische Basilikumblätter, gehackt (nach Belieben)

Den Reis in Salzwasser kochen, bis er gar ist, aber noch Biss hat. Abseihen und unter fließendem kaltem Wasser abschrecken.

Gleichzeitig 1 Esslöffel Öl in einem Topf erhitzen und die Speckstreifen ausbraten.

Für die Salatsauce in einer kleineren Schüssel den Knoblauch zerstoßen und mit dem Chilipulver, dem Brot, dem Olivenöl, dem Essig sowie Salz und Pfeffer nach Geschmack gründlich vermischen. Kräftig rühren, bis eine sämige Sauce entsteht.

In einer Salatschüssel den gekochten Reis mit den Bohnen, dem gehackten Schinken, den Speckstreifen, den Sardellenfilets und den Oliven vermischen. Den Salat mit der Sauce übergießen und gründlich durchmischen. Mit der Petersilie, dem Majoran und nach Belieben dem Basilikum bestreuen und servieren.

SAUCEN

Dass wir in der Toskana eine spezielle Pastasauce kochen, ist eher die Ausnahme. Vielmehr berechnen wir bei geschmorten Zubereitungen mit Fleisch, Gemüse oder Fisch die Mengen etwas großzügiger, sodass ein Teil davon für ein Nudelgericht übrig bleibt. Mit einmal Kochen erhalten wir also ein Hauptgericht und dazu einen ersten Gang. Trotzdem kennt die toskanische Küche natürlich auch eigene Saucen für Pasta, von denen ich hier eine kleine Auswahl vorstelle.

SALSA FEGATINI DI POLLO (Rezept Seite 177) ▶

SALSA BIANCA

Béchamelsauce

Ohne diese Sauce ist eine traditionelle Lasagne nicht denkbar. Diese Feststellung gilt allerdings, auf die Pastaküche beschränkt, genauso umgekehrt. Abweichend vom Grundrezept wird diese Béchamel mit Zwiebel zubereitet.

Ergibt etwa 1,2 Liter

125 g Butter
½ Zwiebel, sehr fein gehackt
8 EL Weizenmehl
1,2 l Milch
Frisch geriebene Muskatnuss
Salz
Bis zu 600 ml Sahne (nach Belieben)
Frisch gemahlener schwarzer Pfeffer

Die Butter in einem schweren Topf zerlassen und die Zwiebel darin ohne Farbe weich schwitzen. Das Mehl einstreuen und bei niedriger Temperatur ohne Farbe 2–3 Minuten unter Rühren mitschwitzen, bis es sich mit der Butter zu einer gleichmäßigen Paste verbunden hat. Die Milch nach und nach hinzugießen und dabei energisch mit einem Schneebesen rühren, damit sich keine Klümpchen bilden. Die Temperatur erhöhen und weiter mit dem Schneebesen rühren, bis die Sauce aufkocht.

Die Sauce mit Muskatnuss und Salz würzen und bei niedriger Temperatur mindestens 45 Minuten köcheln lassen, dabei häufig rühren, damit sie nicht ansetzt.

Falls die Sauce nicht innerhalb von 2–3 Stunden verwendet werden soll, durch ein Sieb in einen sauberen Topf gießen. Bei niedriger Temperatur so viel Sahne mit dem Schneebesen einrühren, bis die anfängliche Konsistenz wieder erreicht ist – so wird verhindert, dass sich auf der Oberfläche eine Haut bildet.

Vor der Verwendung mit Salz und Pfeffer abschmecken.

SALSA DI CARCIOFI PER LA PASTA

Artischockensauce

Vor allem zu Pasta aus Nudelteig mit Ei schmeckt diese Sauce sehr fein. Ganz junge, zarte Artischocken sind in diesem Fall ideal, da man sie ohne größere Vorbereitung einfach zerteilen und weiterverarbeiten kann.

Für 6 Personen

10 Baby-Artischocken
4 EL Olivenöl
1 Zwiebel, sehr fein gewürfelt
2 Knoblauchzehen, zerdrückt
150 g Weizenmehl
Salz und frisch gemahlener schwarzer Pfeffer
200 g frisch geriebener Parmesan

Von den Artischocken etwaige harte Außenblätter entfernen und, falls erforderlich, die Spitzen der verbliebenen Blätter abschneiden. Die Artischocken waschen und längs vierteln.

Das Öl in einer Pfanne erhitzen und die Zwiebel mit dem Knoblauch darin goldgelb anschwitzen.

Unterdessen die Artischocken im Mehl wenden. In die Pfanne legen, salzen und pfeffern und bei Bedarf etwas Wasser zugießen. Zugedeckt 20–30 Minuten dünsten – die genaue Garzeit richtet sich nach der Größe und Zartheit der Artischocken.

Einen Teil des Parmesan untermischen und die Sauce bis zum Servieren 10 Minuten ruhen lassen. Den restlichen Parmesan separat dazu reichen.

SALSA FEGATINI DI POLLO

Hühnerlebersauce

Diese Sauce kombiniert man am besten mit hausgemachten Bandnudeln wie Pappardelle, Tagliatelle oder Fettuccine, denn diese herzhafte Eierpasta harmoniert hervorragend mit dem kräftigen Geschmack der Hühnerleber.

Für 4 Personen

400 g Hühnerlebern, küchenfertig vorbereitet
6 EL Olivenöl
1 große Zwiebel, fein gehackt
2 Knoblauchzehen, angedrückt
4 Lorbeerblätter
Frisch geriebene Muskatnuss
4 EL Rotwein
1 EL Tomatenmark, in 3 EL Wasser verrührt
Salz und frisch gemahlener schwarzer Pfeffer
100 g frisch geriebener Pecorino,
ersatzweise auch Parmesan

Die Hühnerlebern waschen, in kleine Stücke schneiden und mit Küchenpapier trockentupfen.

Das Öl in einer Pfanne erhitzen und die Zwiebel mit dem Knoblauch darin 5 Minuten glasig anschwitzen. Sobald der Knoblauch Farbe angenommen hat, diesen entfernen und wegwerfen. Die Hühnerlebern mit den Lorbeerblättern in die Pfanne geben und 15 Minuten bei niedriger Temperatur braten.

Mit Muskatnuss würzen, mit dem Wein beträufeln und diesen bei erhöhter Temperatur verkochen lassen.

Die Temperatur wieder verringern und das Tomatenmark einrühren, nach Bedarf weiteres Wasser zufügen, bis die Sauce die gewünschte Konsistenz annimmt. Die Sauce zuletzt mit Salz und Pfeffer abschmecken. Erst unmittelbar vor dem Servieren den Pecorino oder Parmesan einrühren.
(Foto Seite 175)

RAGÙ DI CARNE ALLA PISTOIESE

Pistoieser Fleischsauce

Von den größeren Städten in der Toskana liegt Pistoia der kulinarischen Hauptstadt der Emilia, Bologna, am nächsten. Auch bei der Zubereitung der Fleischsauce kommen sich beide recht nahe: Die Rezepte sind ziemlich ähnlich, allerdings werden jeweils andere Kräuter verwendet. Es mag etwas aufwendig erscheinen, das Fleisch aus der Sauce zu fischen und erst dann zu hacken, die Mühe wird jedoch mit einem herzhaften Geschmack belohnt.

Für 6 Personen

20 g getrocknete Steinpilze
90 ml Olivenöl
1 Zwiebel, fein gehackt
1 Möhre, fein gehackt
1 Stange Bleichsellerie, fein gehackt
1 EL gehacktes frisches Basilikum
1 EL gehackte frische Petersilie
500 g Schmorfleisch vom Rind
Salz und frisch gemahlener schwarzer Pfeffer
175 ml Rotwein
350 g reife Tomaten, enthäutet, Samen entfernt und püriert
Rindfleischbrühe nach Bedarf

Die Steinpilze etwa 15 Minuten in warmem Wasser einweichen, danach abgießen, dabei das Wasser auffangen und durch ein feines Sieb gießen. Die Pilze fein hacken.

Das Öl in einem Topf erhitzen und die Zwiebel mit der Möhre, dem Sellerie, dem Basilikum und der Petersilie glasig schwitzen. Das Fleisch zufügen, kräftig anbraten, salzen und pfeffern, mit dem Wein ablöschen und diesen beinahe völlig verkochen lassen. Die Tomaten und die Pilze zum Fleisch geben und die Sauce 40 Minuten köcheln lassen, dabei nach Bedarf erst das Pilzwasser und dann heiße Brühe zugießen.

Das Fleisch herausnehmen, sehr fein hacken (wer sich das nicht zutraut, kann es auch durch die grobe Scheibe des Fleischwolfs drehen, keinesfalls aber im Mixer zerkleinern) und zurück in die Sauce rühren. Noch 20 Minuten köcheln lassen.

SALSA AL DRAGONCELLO

Rohe Estragonsauce

Meine Großmutter war geradezu versessen auf Estragon. Diese Vorliebe ging sogar so weit, dass sie einige Stengel des Krautes in ihre Wäschetruhe legte, um damit die Bettlaken zu parfümieren. Ihre Estragonsauce ist der perfekte Begleiter zu gekochtem Fleisch.

Für 4 Personen

1 Hand voll frische Estragonblättchen
4 Knoblauchzehen
50 g Weißbrot, entrindet
¼ l Weinessig
Salz
Etwa 4 EL bestes Olivenöl

Den Estragon und die Knoblauchzehen fein hacken, beides in einer Schüssel vermischen.

Das Brot im Essig einweichen, ausdrücken und zu der Estragonmischung in die Schüssel geben. Die Zutaten vermengen, leicht salzen und die Mischung durch ein feines Sieb streichen.

Das Olivenöl einlaufen lassen und dabei energisch mit einem Holzlöffel rühren, bis eine geschmeidige Sauce entstanden ist.

SUGO DI POMODORO CASALINGA

Tomatensauce nach Hausfrauenart

Jede toskanische Hausfrau führt dieses Rezept in ihrem Repertoire. Hervorragend schmeckt die Tomatensauce zu Pasta.

Für 4 bis 6 Personen

90 ml Olivenöl
1 Zwiebel, fein gehackt
1 Möhre, fein gehackt
1 Stange Bleichsellerie, fein gehackt
Frisches Basilikum, fein gehackt
Frische Petersilie, fein gehackt
500 g reife Tomaten, enthäutet, Samen entfernt und püriert, ersatzweise geschälte Dosentomaten
Salz und frisch gemahlener schwarzer Pfeffer

Das Öl in einem Topf erhitzen und die Zwiebel mit der Möhre, dem Sellerie, dem Basilikum und der Petersilie weich dünsten. Die Tomaten einrühren, salzen und pfeffern.

Die Sauce bei niedriger Temperatur mindestens 20 Minuten köcheln lassen, dabei gelegentlich etwas Wasser zugießen.

Tipp:
Eine Tomatensauce gerät umso besser, je länger sie kocht. Vor dem Servieren sollte sie gut eingekocht sein.

SALSA DI BROCCOLI

Brokkolisauce

Kombinieren Sie diese Sauce mit jeglicher Art von Hartweizennudeln wie Rigatoni oder Fusilli. Meine Mutter bevorzugte die Rigatoni. Manchmal servierte sie diese cremige Brokkolisauce auch ohne Pasta als reines Gemüsegericht.

Für 4 Personen

500 g Brokkoli
6 EL Olivenöl
2 Knoblauchzehen, angedrückt
6 EL Wasser
Salz und frisch gemahlener schwarzer Pfeffer
100 g frisch geriebener Parmesan zum Servieren

Den Brokkoli sehr fein hacken.

Das Olivenöl mit dem Knoblauch in einem Topf erhitzen. Wenn der Knoblauch goldgelb angelaufen ist, den Brokkoli und das Wasser dazugeben – die Knoblauchzehen nach Belieben entfernen.

Einen Deckel auflegen und den Brokkoli mindestens 20 Minuten dünsten, dabei alle 5 Minuten rühren. Er wird durch das Rühren schließlich eine cremige Konsistenz annehmen.

Die Sauce mit Salz und Pfeffer abschmecken. Vor dem Servieren mit dem Käse verfeinern und nochmals gründlich durchrühren. Die Käsemenge sorgt für eine dicke, cremige Konsistenz, sie kann aber nach Belieben reduziert oder sogar ganz weggelassen und der Käse stattdessen separat serviert werden.

SALSA CRUDA

Rohe Tomatensauce mit Mozzarella

Zu Spaghetti oder Linguine schmeckt diese kalt zubereitete Sauce ganz besonders gut.

Für 4 Personen

4 reife Tomaten
2 Mozzarelle
20 frische Basilikumblätter
4 sonnengetrocknete Tomaten
8 EL bestes Olivenöl
Salz und frisch gemahlener schwarzer Pfeffer

Die Tomaten in kochendem Wasser kurz blanchieren, unter kaltem Wasser abschrecken, enthäuten, die Samen entfernen und das Fruchtfleisch in etwa 1 cm große Würfel schneiden.

Die Mozzarelle in Würfel von etwa gleicher Größe wie die Tomaten schneiden. Die Basilikumblätter in kleinere Stücke schneiden oder mit den Fingern zerrupfen. Die getrockneten Tomaten hacken.

Alle Zutaten in eine ausreichend große Glasschüssel füllen, mit dem Olivenöl vermischen und nach Geschmack salzen und pfeffern.

Die *al dente* gekochte Pasta sofort nach dem Abseihen mit der Sauce vermischen und servieren.

SALSA DI PISELLI

Erbsensauce mit Zwiebeln und Lauch

Ideal zu dieser Sauce ist geformte Pasta wie Conchiglie. Mit ihrer Schalenform, die an Muscheln erinnert, nehmen sie die Erbsen und anderen Zutaten besonders gut auf. Als Kind liebte ich die *Salsa di Piselli*, deren delikater Geschmack durch viel Parmesan abgerundet wird.

Für 4 Personen

2 EL Olivenöl
100 g durchwachsener Speck, fein gehackt
300 g Zwiebeln, fein gehackt
1 Stange Lauch, geputzt und sehr fein gehackt
300 g extra feine Tiefkühlerbsen
Salz und frisch gemahlener schwarzer Pfeffer
200 g frisch geriebener Parmesan

Das Olivenöl in einem mittelgroßen Topf erhitzen und den Speck darin 5 Minuten bei hoher Temperatur auslassen. Die Zwiebeln mit dem Lauch zufügen und zugedeckt in etwa 15 Minuten bei mittlerer Temperatur weich dünsten.

Die Erbsen untermischen, das Gemüse nach Geschmack salzen und pfeffern und noch etwa 20 Minuten köcheln lassen, bis die Mischung ziemlich eingedickt ist. Die Erbsen dürfen jedoch nicht zerkochen.

Zuletzt einen Teil des Parmesan gründlich unterrühren, den Rest separat zu der Pasta servieren.

SALSA DI POMODORO

Tomatensauce mit rohem Olivenöl

Diese Sauce wurde bei uns zu Hause montags oder dienstags gekocht. Seit wir nach dem Krieg einen Kühlschrank besaßen, konnten wir sie auch eine Zeit lang aufbewahren. Kalt gestellt hält sie sich drei, vier Tage, muss aber unbedingt eine Stunde vor der Verwendung herausgenommen werden. Sie wird nicht wieder erhitzt, sondern einfach mit heißer Pasta gründlich vermischt. Etwas frisches Basilikum darüber streuen, und fertig ist ein wundervolles Nudelgericht. Als ich meine Mutter einmal fragte, warum man die Sauce auf keinen Fall aufwärmen soll, erklärte sie mir, dass das herrliche Tomatenaroma sich bei Zimmertemperatur am besten entfaltet, während Hitze ihm den Garaus macht.

Für 6 bis 8 Personen

2 kg reife, aber noch knackige Tomaten
2 Zwiebeln, in Scheiben geschnitten
4 Knoblauchzehen, fein gehackt
Frische Basilikumblätter
90 ml bestes Olivenöl

Die Tomaten waschen, abtrocknen, vierteln und in einen ausreichend großen Topf füllen.

Die Zwiebelscheiben und den Knoblauch darauf verteilen, das Ganze zum Kochen bringen und 25–30 Minuten köcheln lassen. Falls die Tomaten dabei zu viel Saft abgeben, die Sauce weitere 30 Minuten einkochen lassen.

Die Sauce über einer Schüssel durch ein Sieb passieren, um die Samen und Häute zu entfernen.

Mit frischen Basilikumblättern bestreuen, das Olivenöl sehr sorgfältig unterrühren und 1–2 Stunden auf Zimmertemperatur abkühlen lassen.

Diese Sauce, wie eingangs schon betont, niemals aufwärmen, sondern mit der heißen Pasta unmittelbar nach dem Abseihen vermischen und sofort servieren.

DESSERTS

Über Süßspeisen und Kuchen könnte ich endlos reden und schreiben. Jedes der nachfolgenden Rezepte erinnert mich irgendwie an meine Jugend. Immer wieder hört man vom »Kind im Manne«, und ich denke, es ist etwas Wahres daran: Bis heute liebe ich Süßspeisen über alles, während in vielen italienischen Familien frische Früchte inzwischen die traditionellen Desserts verdrängt haben. Glücklicherweise war meine Mutter genauso vernascht wie ich, und so verging kaum einer meiner Kindertage ohne süße Gaumenfreuden. Das berühmteste Dessert der Toskana ist das Panforte di Siena, eine Art Lebkuchen mit reichlich kandierten Zitrusschalen, getrockneten Früchten, Nüssen und Mandeln. Ebenfalls sehr populär sind die zweimal gebackenen Biscotti di Prato und natürlich spielt Obst eine große Rolle. Eines haben alle toskanischen Desserts gemeinsam: Sie enthalten sehr selten Sahne. Dafür nehmen wir etwas Milch, Butter und Olivenöl, wobei wir Letzterem immer den Vorzug geben, wenn die Wahl besteht. Zu jedem Dessert wird Vin Santo serviert. Für diesen Dessertwein werden weiße Trauben nach der Ernte im späten September oder frühen Oktober bis Weihnachen hängend oder auf Strohmatten getrocknet. Nachdem sie dabei wie Rosinen eingeschrumpft sind und ihren Zuckergehalt konzentriert haben, werden sie gepresst und zu Most vergoren. In kleinen Fässern, den so genannten Barriques, darf der Rebensaft drei, fünf oder sogar zehn Jahre reifen. »Heiliger Wein« wird er in Italien deshalb genannt, weil der Priester ihn auch bei der Messe trinkt. Liebhaber weltlicher Genüsse schätzen ihn unter anderem zum Eintunken der schon erwähnten Biscotti di Prato.

PANFORTE DI SIENA (Rezept Seite 189) ▶

BUDINO DI RISO

Reisauflauf mit Zitrone und Zimt

In der Toskana kommt Reis häufiger in Süßspeisen als bei herzhaften Rezepten vor. Dieser sehr beliebte Auflauf kann ebenso in ovalen Einzelförmchen zubereitet werden. So lieben ihn die Florentiner zu ihrem morgendlichen Cappuccino. In den Bars der Stadt läuft er, wie man hört, den sonst üblichen Gebäcken den Rang ab.

Für 4 Personen

125 g Milchreis
2 EL feiner Zucker
Etwa 600 ml Milch
1 TL gemahlener Zimt
Abgeriebene Schale von 2 unbehandelten Zitronen
2 Eier
600 ml Sahne

Außerdem:
Butter für die Form
Feiner Zucker zum Bestreuen

Den Backofen auf 170 °C vorheizen. Eine ovale, ofenfeste Glasform von etwa 15 × 23 cm und mindestens 5 cm Höhe buttern.

Den Reis waschen und gründlich abtropfen lassen. Mit 1 Esslöffel Zucker in die Form füllen und mit Milch bedecken. Den Zimt und die Zitronenschale untermischen. Den Reis im vorgeheizten Ofen 30 Minuten garen.

Unterdessen den restlichen Esslöffel Zucker und die Eier mit der Sahne verrühren und etwa 10 Minuten vor Ende der Garzeit über den Reis gießen. Sobald der Reis fester zu werden beginnt, mit Zucker bestreuen, die Temperatur auf 180 °C heraufschalten und weitere 20 Minuten backen, bis die Oberfläche appetitlich gebräunt, aber nicht verbrannt ist.

Den Reisauflauf vor dem Servieren 1 Stunde abkühlen lassen.

PANFORTE DI SIENA

Sieneser Gewürzkuchen

Das *Panforte* ist quasi der Inbegriff der Süßspeisenküche der Toskana und dort das Weihnachtsdessert schlechthin. Sein Rezept gehört zu den bestgehüteten Geheimnissen in Siena. Immerhin aber stamme ich aus dieser Gegend und nehme mir daher das Recht heraus, es an meine Leser weiterzugeben. Meine Mutter verwendete getrocknete Feigen aus eigener Herstellung, und selbst der Honig stammte von unseren Bienen.

Für 6 Personen

200 g Mandeln
100 g Walnusskerne
100 g Haselnüsse
300 g Mischung aus kandierten Kürbis-, Zitronen- und Orangenschalen, sehr fein gehackt
100 g getrocknete Feigen, gehackt
50 g süßes Kakaopulver (Trinkschokolade)
2 EL Gewürzmischung aus gemahlenem Zimt, Gewürznelken, Koriander, weißem Pfeffer und Muskatnuss
100 g Honig
150 g Puderzucker

Außerdem:
Butter und Reispapier für die Form
1 gehäufter EL Weizenmehl

Den Backofen auf 160 °C vorheizen.

Die Mandeln 3 Minuten in kochendem Wasser blanchieren und enthäuten. Zusammen mit den Nüssen im heißen Backofen, unter dem Grill oder in einer hohen Pfanne ohne Fett in einigen Minuten goldbraun rösten. Von den Nüssen in einem Handtuch die Häute abrubbeln, anschließend die Mandeln und Nüsse mahlen. In einer Schüssel mit den kandierten Schalen, den Feigen, dem Kakaopulver und den Gewürzen mit einem Holzlöffel gründlich vermischen.

Eine ofenfeste Form buttern und mit Reispapier auskleiden.

Den Honig in eine hitzebeständige Schüssel füllen und im kochenden Wasserbad erwärmen. Den Puderzucker einrühren und die Mischung weiter erhitzen, bis der Honig beim Eintauchen und Hochziehen eines Fingers Fäden zieht.

Den Topf vom Herd nehmen. Das Mehl sowie die Mischung aus Früchten und Nüssen gründlich unter den Honig rühren. Die Masse in die vorbereitete Form füllen, leicht mit Mehl bestauben und etwa 40 Minuten backen.

(Foto Seite 187)

RICCIARELLI DI SIENA

Sieneser Mandelgebäck

Rund um den Globus bieten italienische Delikatessenläden dieses mürbe Mandelgebäck in der Weihnachtszeit an, in der Toskana wird es dagegen das ganze Jahr über zubereitet. In meiner Kindheit fand ich es morgens als Belohnung auf dem Nachttisch vor, wenn ich besonders brav gewesen war. Vor dem Backen ist eine zwölfstündige Ruhezeit einzukalkulieren.

Ergibt 30 Stück

300 g Mandeln
10 g Bittermandeln (siehe Anmerkung unten)
200 g Puderzucker
1 Eiweiß

Außerdem:
Puderzucker für die Arbeitsfläche und zum Bestauben
Reispapier

Alle Mandeln blanchieren und enthäuten. Im heißen Backofen, unter dem Grill oder in einer Pfanne ohne Fett einige Minuten rösten und anschließend im Mörser zerstoßen. Insgesamt werden 200 g benötigt.

Den Puderzucker mit den Mandeln vermischen. Das Eiweiß zu Schnee schlagen und unter die Mandelmischung ziehen.

Eine Arbeitsfläche mit Puderzucker bestauben. Von der Mandelmasse esslöffelgroße Portionen abstechen, auf der Arbeitsfläche mit den Händen zu Rauten formen und diese etwas flach drücken. Auf passend zugeschnittene Stücke Reispapier setzen, auf ein Backblech legen und 12 Stunden ruhen lassen.

Den Backofen auf 120 °C vorheizen, das Backblech hineinschieben und den Ofen abschalten. Das Gebäck wie Baisers über Nacht eher trocknen lassen als backen. Alternativ knapp über 1 Stunde bei 120 °C backen – das Gebäck darf dabei keinesfalls bräunen oder hart werden.

Kalt servieren und zuvor mit Puderzucker bestauben.

Anmerkung:
Falls Sie in italienischen Delikatessenläden oder beim Gemüsehändler keine Bittermandeln bekommen, brechen Sie Pfirsichsteine auf und verwenden Sie die darin befindlichen Samen. Alternativ normale Mandeln mit einem Artischockenblatt in einem kleinen Topf mit kaltem Wasser aufsetzen und 20 langsam erhitzen, bis das Wasser beinahe kocht. Den Topf vom Herd nehmen, die Mandeln abgießen und trockentupfen. Sie haben jetzt eine bittere Note angenommen.

FAGOTTI DOLCI DI RICOTTA

Süße Teigtäschchen mit Rumricotta

Zu allen Geburtstagen und Festen bereitete meine Großmutter diese kleinen Teigtaschen zu, auch zu Ostern. Wir nahmen sie zusammen mit unseren selbst gefärbten Eiern mit in die Kirche, wo der Priester sie mit Weihwasser segnete. Danach stand dem Genuss nichts mehr im Wege.

Ergibt 10 Stück

350 g Fladenteig (siehe *Focaccia*, Seite 24), bereits aufgegangen
1 EL Olivenöl
250 g frische Ricotta, zerbröselt
100 g feiner Zucker
90 ml Rum
1 Messerspitze Bourbon-Vanillepulver

Außerdem:
Olivenöl oder Schweineschmalz zum Ausbacken
Puderzucker zum Bestauben

In den aufgegangenen Fladenteig das Olivenöl einarbeiten. Den Teig, mit einem sauberen Küchentuch bedeckt, noch etwa 30 Minuten ruhen lassen.

Die Ricotta mit dem Zucker in einer Schüssel vermischen, mit dem Rum und Vanillepulver aromatisieren.

Den Teig möglichst dünn ausrollen – eine Stärke von etwa 2 mm ist ideal – und in 6 cm große Quadrate schneiden. Auf die eine Hälfte jedes Quadrates etwas von der Ricottafüllung geben, die andere Hälfte darüber legen und die Teigränder sorgfältig zusammendrücken.

In einer Pfanne reichlich Öl oder Schmalz stark erhitzen. Die Teigtaschen portionsweise einlegen und von beiden Seiten goldgelb ausbacken. Auf Küchenpapier abtropfen lassen und mit Puderzucker bestauben.

PAN DI PASQUA

Osterbrötchen

Der Legende nach wurden diese süßen Brötchen von dem Apostel Paulus aus Griechenland nach Italien gebracht. Daher nennt man sie auch *Pane Greco*.

Ergibt 10 Stück

250 g Fladenteig (siehe *Focaccia*, Seite 24), bereits aufgegangen
4 Eier
200 g feiner Zucker
1 EL Orangensaft
2 EL Olivenöl
1 Prise Zimtpulver
1 EL Anissamen, zerrieben

Außerdem:
Butter und Weizenmehl für das Backblech

Den Fladenteig 5 Minuten durchkneten, zu einer Kugel formen und oben ein kleines Kreuz einritzen. Den Teig, mit einem sauberen Küchentuch bedeckt, noch etwa 1 Stunde ruhen lassen.

Die Eier in einer Schüssel verquirlen. Den Zucker, den Orangensaft, das Olivenöl, den Zimt und die Anissamen gründlich einrühren. Diese Mischung nach und nach behutsam, aber gründlich in den Teig einkneten.

Aus dem Teig kleine, ovale Brötchen formen, auf ein gebuttertes und gemehltes Backblech legen und oben ein kleines Kreuz einritzen. Die Brötchen mit einem Küchentuch bedecken und 30 Minuten ruhen lassen.

Unterdessen den Backofen auf 220 °C vorheizen. Die Osterbrötchen in etwa 30 Minuten goldbraun backen.

BISCOTTI DI PRATO

Mandelkekse aus Prato

Die besten Mandelkekse kommen aus dem toskanischen Städtchen Prato. Man erkennt sie an dem blauen Papier, in das sie verpackt sind. Kaum eine Familie in Italien, die nicht ein Glas mit diesem traditionellen Gebäck im Hause hätte, oft aus eigener Herstellung. Der italienische Name *biscotti* ist in diesem Fall sehr treffend, denn die Kekse sind tatsächlich *bis cuit* – zweimal gebacken. In einem luftdicht schließenden Gefäß lassen sie sich lange aufbewahren. Köstlich schmecken sie mit Vin Santo, in den man sie kurz eintunkt.

Ergibt etwa 50 Stück

200 g Mandeln
100 g Pinienkerne
500 g Weizenmehl
500 g feiner Zucker
1 Prise Salz
4 Eier

Außerdem:
Butter und Mehl für das Backblech

Den Backofen auf 180 °C vorheizen.

Die Mandeln 3 Minuten in kochendem Wasser blanchieren, enthäuten, im heißen Backofen rösten und zusammen mit den Pinienkernen hacken.

Das Mehl auf eine Arbeitsfläche häufen, den Zucker, das Salz, die gehackten Mandeln und Pinienkerne untermengen. Die Eier zufügen und gründlich kneten, bis sich ein weicher und elastischer Teig ergibt. Ausrollen und zu kleinen Laiben formen.

Ein Backblech buttern und mit Mehl bestauben. (Oder Sie verwenden das praktische Backpapier, mit dem das Backblech vollständig ausgelegt wird.) Die Laibe darauf legen und in etwa 25 Minuten goldgelb backen. Aus dem Ofen nehmen.

Die Laibe in 1,5–2 cm dicke Scheiben schneiden und diese nochmals etwa 10 Minuten backen – die fertigen Mandelkekse sollen eine tief goldbraune Tönung haben.

ZUCCOTTO ALLA FIORENTINA

Florentiner Biskuitbombe

Jede Florentiner Konditorei, die auf sich hält, hat diese Spezialität in ihrem Angebot. Zwischen Eiscreme und Kuchen angesiedelt, wird sie auch als *semifreddo* – Halbgefrorenes – geführt.

Für 8 bis 10 Personen

Für die Biskuitmasse:
4 Eier
150 g feiner Zucker
Abgeriebene Schale von 1 unbehandelten Zitrone
1 Prise Salz
75 g Weizenmehl
75 g Kartoffel- oder Maisstärke

Für die Füllung:
50 g Mandeln
50 g Walnusskerne
50 g Haselnüsse
75 g Bitterschokolade, gehackt
600 ml Sahne
100 g Puderzucker
75 g Schokoladenlinsen
100 g gemischte kandierte und getrocknete Früchte, gehackt

Außerdem:
Süßer Likör wie Maraschino zum Beträufeln
Kakaopulver und Puderzucker zum Dekorieren

Den Backofen auf 200 °C vorheizen.

Für den Biskuit die Eier trennen. In einer Schüssel die Eigelbe mit dem Zucker hell und cremig schlagen. Die Zitronenschale und das Salz einrühren. Das Mehl und die Stärke zusammen darüber sieben und untermischen. Die Eiweiße zu Schnee schlagen und behutsam unterheben.

Den Boden einer Springform von 25 cm Durchmesser mit Backpapier auslegen, die Masse einfüllen, glatt streichen und 40 Minuten backen. Aus der Form stürzen und abkühlen lassen.

Für die Füllung die Mandeln in kochendem Wasser blanchieren, enthäuten und zusammen mit den Walsnusskernen und Haselnüssen einige Minuten im heißen Ofen rösten. Die Nüsse zwischen den Handflächen reiben, um die Haut abzurubbeln, und zusammen mit den Mandeln hacken.

Die Bitterschokolade im Wasserbad schmelzen.

Unterdessen von dem Biskuitboden oben und seitlich die Kruste abschneiden, gleichmäßig mit dem Likör beträufeln und beiseite stellen. Den verbliebenen Boden etwa ¾ : ¼ teilen. Den dickeren Boden mit einem Teigrädchen oder einer umgedrehten Schüssel rund zuschneiden, mit dem restlichen Likör beträufeln und eine Halbkugel- oder Eisbombenform von 20 – 23 cm Durchmesser damit auslegen, den oberen Rand mit der getränkten Kruste verkleiden.

Die Sahne steif schlagen. Den Puderzucker, die Schokolinsen und die gehackten Früchte unterziehen. Etwa ⅔ davon in die Biskuithülle füllen und an den Seiten bis zum oberen Rand verstreichen. Die restliche Sahne mit der leicht abgekühlten Schokolade sowie den Mandeln und Nüssen vermischen und einfüllen.

Das Ganze mit der dünnen Biskuitscheibe abdecken, mit Klarsichtfolie verschließen und mindestens 1 Tag in den Kühlschrank stellen – je länger, desto besser. Falls die Zeit knapp ist, einige Stunden ins Gefrierfach stellen.

Vor dem Servieren auf eine flache Platte stürzen und dekorieren: Ein kräftiges DIN-A4-Blatt oder einen dünnen Karton entsprechender Größe längs in der Mitte falten und, 4 cm vom oberen und unteren Rand beginnend, eine Mondsichel ausschneiden. Auseinander falten und den Biskuit abwechselnd mit Kakao und Puderzucker bestauben, bis die ganze Oberfläche ein strahlenförmiges Muster zeigt. Weniger kompliziert ist es, einfach einen Halbkreis auszuschneiden, die Schablone auf den Biskuit zu legen und die eine Hälfte mit Kakaopulver, die andere mit Puderzucker zu bestauben.

CRESCENTINE

Frittierte Teigfladen

In der Toskana werden diese Fladen bei allen erdenklichen Gelegenheiten serviert. Vielleicht liegt der Grund ja darin, dass sie keinen großen Aufwand bereiten. Zu Ostern gehören sie ebenso wie zum Fest des heiligen Joseph am 19. März oder, in einer Variante mit Kastanienmehl, zu Allerheiligen am 1. November. Das Gebäck soll sich aufblähen wie ein Luftballon.

Ergibt etwa 20 Stück

300 g Weizenmehl
2–3 Päckchen Backpulver
1 Prise Salz
1 EL Schweineschmalz
570 ml Milch

Außerdem:
Olivenöl zum Ausbacken
Feiner Zucker zum Bestreuen

Das Mehl mit dem Backpulver und dem Salz auf einer Arbeitsfläche vermischen. Das Schmalz und so viel Milch einarbeiten, bis sich ein weicher Teig ergibt. Mit einem Küchentuch bedecken und 30 Minuten ruhen lassen.

Den Teig etwa 5 mm dick ausrollen und Quadrate ausschneiden.

In einer tiefen Pfanne oder Fritteuse reichlich Olivenöl stark erhitzen und die Teigquadrate darin portionsweise von beiden Seiten goldbraun ausbacken.

Mit einer Schaumkelle herausheben, auf Küchenpapier abtropfen lassen, mit Zucker bestreuen und heiß auf einer Platte servieren.

Anmerkung:
Eine Variante dieses Rezepts wird mit einem weichen Hefeteig zubereitet. Dafür sind mindestens 50 g frische oder auch Trockenhefe nötig. Den Hefeteig zubereiten, wie auf Seite 212 beschrieben, dabei ausreichend lauwarme Milch verwenden.

FRITTELLE DI PASQUA

Osterkrapfen

Schokolade war in meiner Kindheit längst keine solche Selbstverständlichkeit wie heute. So gab es auch zu Ostern andere Leckereien, zubereitet aus den gerade erhältlichen Zutaten. Diese Krapfen haben den Vorteil, dass sie nur wenig Mühe bereiten.

Ergibt 10 bis 15 Stück

4 Eier
Feiner Zucker nach Geschmack
200 g Weizenmehl
1 Prise Salz
Abgeriebene Schale von 1 unbehandelten Zitrone
50 g Rosinen, in Wasser eingeweicht

Außerdem:
Schweineschmalz zum Ausbacken
Feiner Zucker zum Bestreuen

Die Eier trennen. Die Eigelbe mit dem Zucker gründlich verrühren, bis dieser sich aufgelöst hat. Das Mehl, das Salz und die Zitronenschale untermischen.

Die Eiweiße zu Schnee schlagen und unter den Teig heben. Die Rosinen abseihen, ausdrücken, abtrocknen und unterziehen.

In einer tiefen Pfanne reichlich Schmalz erhitzen. Den Teig esslöffelweise hineingeben und die Krapfen von beiden Seiten goldbraun ausbacken.

Mit einer Schaumkelle herausheben, auf Küchenpapier abtropfen lassen, mit Zucker bestreuen und auf einer Platte servieren.

TORTA DOLCE DI BIETOLE

Süße Mangoldtarte

So ungewöhnlich das Rezept anmuten mag, ist es mir doch äußerst vertraut, denn bei uns zu Hause gab es Tartes in allen möglichen Variationen. Die hier vorgestellte bereitete meine Großmutter während der Mangoldsaison häufiger zu.

Für 10 Personen

300 g Weizenmehl
125 g Butter
80 g feiner Zucker
1 Prise Salz
2 Eigelb

Für die Füllung:
500 g Mangold
30 g Butter
70 g Zucker
50 g Pinienkerne
30 g Rosinen, in warmem Wasser eingeweicht und ausgedrückt
Je 1 Prise frisch geriebene Muskatnuss und gemahlener Zimt

Außerdem:
Butter für die Form
2 Eiweiß, verquirlt zum Bestreichen

Das Mehl auf eine Arbeitsfläche häufen, in die Mitte eine Mulde drücken und die Butter, den Zucker, das Salz und die Eigelbe hineingeben. Die Zutaten mit dem Mehl vermengen und kneten, bis sich ein glatter, geschmeidiger Teig ergibt. Eine Kugel formen, mit einem Küchentuch bedecken und an einem warmen Ort 2 Stunden ruhen lassen.

Für die Füllung den Mangold putzen, von den harten Stielenden und Blattrippen befreien, waschen und in einem Topf in dem anhaftenden Wasser bei großer Hitze zusammenfallen lassen. Ausdrücken, hacken und einige Minuten in der Butter dünsten. In einer Schüssel mit dem Zucker, den Pinienkernen, den Rosinen, Muskatnuss und Zimt vermengen.

Den Backofen auf 190 °C vorheizen.

Den Teig in zwei etwas ungleiche Portionen teilen und diese auf der bemehlten Arbeitsfläche nicht zu dünn ausrollen. Eine leicht gebutterte Pieform mit 25 cm Durchmesser und herausnehmbarem Boden mit dem größeren Teigblatt auskleiden. Die Mangoldmischung einfüllen. Das kleinere Teigblatt darüber breiten und die Ränder ringsum sorgfältig zusammendrücken. Die Tarte mit dem Eiweiß bestreichen und 25–30 Minuten backen.

TORTA DI RISO

Reistorte

Hier eines der Lieblingsrezepte meiner Tante Dailia. Noch vor fünf Jahren verwöhnte sie mich mit dieser Torte. Inzwischen ist sie allerdings 87 Jahre alt und hat ihre Backaktivitäten daher leider eingestellt.

Für 6 bis 10 Personen

900 ml Milch
250 g Milchreis
3 Eier, verquirlt
150 g Zucker
50 g gemischte Pinien- und Walnusskerne, grob gehackt
100 g kandierte Orangen- und Limonenschalen
1 Messerspitze Bourbon-Vanillepulver
Abgeriebene Schale von 1 unbehandelten Zitrone
30 g Butter

Außerdem:
Butter und Mehl für die Form
Kakaopulver und Puderzucker zum Bestauben

Den Backofen auf 190 °C vorheizen.

Die Milch in einem Topf zum Kochen bringen. Den Reis einstreuen und in etwa 20 Minuten richtig weich quellen und anschließend abkühlen lassen.

Die Eier, den Zucker, die Pinien- und Walnusskerne, die kandierten Orangen- und Limonenschalen, das Vanillepulver, die Zitronenschale und die Butter unter den Reis mischen.

Eine Tortenform von 25 cm Durchmesser buttern und mit Mehl bestauben, überschüssiges Mehl abklopfen. Die Reismasse einfüllen und 25 Minuten backen.

Aus der Form nehmen, den Kakao mit dem Puderzucker vermischen und die Torte damit bestauben.

CASTAGNACCIO

Kastanienkuchen

Vor allem in Lucca, aber auch generell in der Toskana gehört dieser Kuchen zu den berühmtesten Spezialitäten. Dabei lässt sich das Rezept vielfältig variieren: Sie können den Teig mit Walnüssen und Orangenschalen anreichern und die Ölmenge nach Geschmack erhöhen oder verringern. Manche mögen den *Castagnaccio* ganz dünn und kross, andere bevorzugen ihn als etwa 2 cm dicken Fladen. In einer weiteren Version besteht der Teig nur aus Kastanienmehl und Wasser und wird in der Form mit Rosmarin, Rosinen, Pinienkernen und Walnüssen bestreut.

Für 10 bis 20 Personen

300 g Kastanienmehl
1 EL Pinienkerne
150 g Rosinen
1 Prise Salz

Außerdem:
Olivenöl für die Form
Frische Rosmarinblättchen zum Bestreuen
Olivenöl zum Beträufeln

Den Backofen auf 180 °C vorheizen.

In einer Schüssel das Kastanienmehl mit den Pinienkernen, den Rosinen und dem Salz vermischen. So viel Wasser gründlich einrühren, bis ein leicht flüssiger, klumpenfreier Teig entsteht.

Eine flache, runde Backform einölen und den Teig hineingießen – er sollte die Form etwa 1 cm hoch ausfüllen. Mit Rosmarinblättchen bestreuen und mit etwas Olivenöl beträufeln.

Etwa 30 Minuten backen, bis die Oberfläche schön knusprig ist; aber Achtung, die Pinienkerne dürfen dabei allerdings nicht verbrennen.

SCHIACCIATA CON L'UVA

Weintraubentorte

Von September bis Ende November, wenn Trauben Saison haben, bereitete meine Mutter diese köstliche Torte aus Fladenteig zu, und zwar meist einmal in der Woche am Brotbacktag. Die Trauben dafür hingen in der Küche und trockneten im Laufe der Zeit ein wie Rosinen. Sie können auch – wie im Foto zu sehen – einen einfachen Fladen mit Trauben belegen und backen. So erhalten Sie eine süße Version der *Schiacciata* auf Seite 38.

Für 10 bis 12 Personen

350 g Fladenteig (siehe *Focaccia*, Seite 24), aufgegangen
1 gehäufter EL Schweineschmalz
1 EL feiner Zucker
1 große blaue Traube

Außerdem:
Schmalz für die Form
1 EL Puderzucker zum Bestauben

Den Teig auf einer Arbeitsfläche nochmals durchkneten, dabei das Schmalz und den Zucker einarbeiten. Mit einem Küchentuch abdecken und 1 Stunde ruhen lassen.

Den Teig erneut einige Minuten kneten, in zwei etwas ungleiche Portionen teilen und diese nicht zu dünn ausrollen.

Eine Pieform mit Schmalz einfetten und mit dem größeren Teigblatt auskleiden. Dicht an dicht eine Lage Trauben schlichten, das kleinere Teigblatt darüber breiten und die Ränder ringsum sorgfältig zusammendrücken. Einige Trauben zur Dekoration auf der Torte verteilen, die Form mit einem Küchentuch abdecken und 1 Stunde ruhen lassen.

Den Backofen auf 180 °C vorheizen. Die Torte 30 Minuten backen. Vor dem Servieren mit Puderzucker bestauben.

FRITTELLE DI CASTAGNE

Krapfen aus Kastanienmehl

»Zio Moro« erhielt in unserer Familie diesen Spitznamen, weil er als einziger Verwandter väterlicherseits dunkelhaarig war. Mein Onkel hatte einen Riecher für diese Krapfen und schneite oft unerwartet herein, wenn es sie gab. Traditionsgemäß werden sie an Allerheiligen gebacken.

Ergibt etwa 20 Stück

300 g Kastanienmehl
1 EL Rosinen
2 EL Pinienkerne
Nadeln von 1 frischen Rosmarinzweig
1 Prise Salz

Außerdem:
Olivenöl zum Ausbacken
Feiner Zucker

Das Kastanienmehl mit den Rosinen, den Pinienkernen, den Rosmarinnadeln und dem Salz vermengen. So viel Wasser gründlich einrühren, bis sich ein dickflüssiger Teig ergibt.

In einer hohen Pfanne reichlich Olivenöl stark erhitzen. Den Teig esslöffelweise hineingeben und die Krapfen von beiden Seiten goldbraun ausbacken.

Auf Küchenpapier abtropfen lassen, mit Zucker bestreuen und auf einer Platte sehr heiß servieren.

LATTE COTTO

Milchauflauf

Das Rezept für dieses relativ leichte Dessert verdanke ich Signora Carabbi, die eine der größten Konditoreien in Pistoia besaß. Jedes Mal wenn ich an ihrem Geschäft vorbeikam und sie gerade frischen Milchauflauf hatte, klopfte sie an die Scheibe und rief mich herein.

Für 8 bis 10 Personen

4 Eier
75 g Weizenmehl
1 EL Zucker
Je 1 Prise gemahlener Zimt, Bourbon-Vanillepulver und frisch geriebene Muskatnuss
1 l Milch (Vollfettstufe)
Butter nach Bedarf
Fein abgeschälte Schale von 1 unbehandelten Zitrone

Außerdem:
Butter und Mehl für die Form

Den Backofen auf 220 °C vorheizen.

Die Eier in einer Schüssel verquirlen. Das Mehl, den Zucker, den Zimt, das Vanillepulver und die Muskatnuss mit dem Schneebesen klümpchenfrei einrühren. Nach und nach die Milch zugießen, dabei ständig rühren. Nach Bedarf etwas Butter hinzufügen, falls die Milch nicht fett genug ist. Zuletzt die Zitronenschale hineinlegen und einige Minuten ziehen lassen, anschließend wieder entfernen.

Eine flache, ofenfeste Form buttern und mit Mehl bestauben. Die Milchmischung hineingießen und den Auflauf etwa 30 Minuten im vorgeheizten Ofen backen.

Herausnehmen, abkühlen lassen, in Stücke schneiden und servieren.

FRITTELLE DI MELE

Frittierte Apfelringe

Ein sehr lieber Freund von mir namens Walter verriet mir dieses Rezept. Er lebt in Norditalien und leitet dort eine Kochschule. In der Toskana werden frittierte Apfelringe oft zum Fest der Madonna zubereitet.

Ergibt 20 Stück

2 Eier
3 EL Weizenmehl
1 EL Öl
1 Prise Salz
4 Äpfel

Außerdem:
Olivenöl zum Ausbacken
Puderzucker zum Bestauben

Die Eier verquirlen. Das Mehl, das Öl und das Salz zufügen und alles gründlich verrühren. So viel Wasser zugießen, dass ein geschmeidiger, aber nicht zu flüssiger Teig entsteht.

Die Äpfel schälen, mit einem speziellen Ausstecher die Kerngehäuse herausschneiden, ohne die Früchte zu beschädigen, und die Äpfel in dünne Ringe schneiden.

Reichlich Öl stark erhitzen – ein Würfel altbackenes Brot sollte in etwa 30 Sekunden gebräunt sein.

Die Apfelringe in den Ausbackteig tauchen – sie sollen gleichmäßig überzogen sein –, ins Öl gleiten lassen und von beiden Seiten goldgelb ausbacken. Auf Küchenpapier abtropfen lassen, mit Puderzucker bestauben und servieren.

FRITTELLE DI RISO

Frittierte Reisbällchen

Es war einst genauso wie bei den Krapfen aus Kastanienmehl: Obwohl wir noch kein Telefon hatten, stand mein Onkel prompt auf der Türschwelle, wenn meine Mutter diese ausgebackenen Reisbällchen fertig hatte. Wahrscheinlich hatte er in seiner Leidenschaft für diese Leckerei einen sechsten Sinn entwickelt. Oft werden Reisbällchen Weihnachten zubereitet.

Ergibt 20 bis 25 Stück

200 g Milchreis oder Risottoreis, möglichst Arborio
½ l Milch
1 EL Weizenmehl
2 Eier, verquirlt
Abgeriebene Schale von 1 unbehandelten Zitrone
50 g Rosinen, in Wasser eingeweicht und kräftig ausgedrückt
1 EL Zucker
1 Prise Salz

Außerdem:
Öl und Schweineschmalz zum Ausbacken
Feiner Zucker zum Bestreuen

Den Reis in der Milch sehr weich kochen.

Das Mehl, die Eier, die Zitronenschale, die Rosinen, den Zucker und das Salz zufügen und alles gründlich vermischen.

Reichlich Öl und Schweineschmalz in einer hohen Pfanne stark erhitzen. Von der Reismasse pflaumengroße Bällchen abstechen, ins heiße Fett gleiten lassen und ringsum goldbraun ausbacken. Auf Küchenpapier abtropfen lassen, mit Zucker bestreuen und servieren.

PESCHE ALL'AMARETTO

Alvaros Amaretti-Pfirsiche

Eines schönen Tages musste ich auf die Schnelle ein Dessert zaubern. Dieses Wort ist wirklich gerechtfertigt, denn meine Vorräte beschränkten sich im Großen und Ganzen auf Amaretti, einige Pfirsiche und Mascarpone. Und das wurde daraus!

Für 4 Personen

4 reife, aber feste Pfirsiche
Etwa 8 EL brauner Zucker
350 ml Vin Santo
8 Amaretti (italienische Mandelmakronen), zerstoßen
8 EL flüssiger Honig

Für die Mascarponecreme:
1 Becher Mascarpone
1 EL Puderzucker
3 EL Vin Santo

Den Backofen auf 180 °C vorheizen.

Die Pfirsiche halbieren, entsteinen und, falls nötig, die Höhlung vergrößern. Mit braunem Zucker bestreuen – die exakte Menge richtet sich nach dem Reifegrad der Früchte: reife Pfirsiche verlangen weniger, noch festere Exemplare dagegen etwas mehr Zucker.

Die Pfirsiche nebeneinander mit der Mulde nach oben in eine ofenfeste Form legen. Etwas Vin Santo mit ein wenig Wasser verrühren und die Pfirsiche damit beträufeln. 1 – 2 Minuten in den vorgeheizten Ofen schieben – je nach Reifegrad auch etwas länger oder kürzer.

Die Pfirsiche mit den zerstoßenen Amaretti füllen. Die Ofentemperatur auf 200 °C erhöhen. Aus dem Honig und dem restlichen Vin Santo einen ziemlich dickflüssigen Sirup rühren, die Pfirsiche damit begießen – sie sollten gleichmäßig überzogen sein – und nochmals etwa 10 Minuten in den Backofen schieben, sie dürfen nicht bräunen.

Unterdessen den Mascarpone mit dem Puderzucker und dem Vin Santo verrühren.

Jeweils zwei Pfirsichhälften auf einem Teller anrichten und mit dem Saft aus der Form übergießen, daneben einen Löffel Mascarponecreme setzen.

CAVALLUCCI SENESI

Sieneser Gewürzkekse

Unweigerlich rufen diese Kekse Kindheitserinnerungen in mir wach. Nach der Schule kaufte ich mir von meinem Taschengeld auf dem Heimweg oft für eine Lira Süßigkeiten. *Cavallucci* waren nicht nur am günstigsten, sondern auch das Köstlichste, was ich für diesen Betrag bekommen konnte. Normalerweise werden sie zu Weihnachten oder im Januar und Februar zum Karneval gebacken.

Ergibt 10 bis 15 Stück

100 g Honig
250 g feiner Zucker
350 g Weizenmehl
50 g Walnusskerne
50 g kandierte Zitronen- und Orangenschalen, gehackt
1 Prise Anissamen, im Mörser zerrieben
1 Prise gemahlener Zimt
1 Prise gemahlener Koriander
1 Prise frisch geriebene Muskatnuss

Außerdem:
Mehl für die Arbeitsfläche und das Backblech

Den Backofen auf 130 °C vorheizen.

Den Honig in eine hitzebeständige Schüssel füllen und im kochenden Wasserbad erwärmen. Den Zucker einrühren und die Mischung weiter erhitzen, bis der Honig zwischen Daumen und Zeigefinger einen kräftigen Faden zieht.

Vom Wasserbad nehmen und nach und nach das Mehl mit einem Holzlöffel gründlich einrühren. Die Walnusskerne, die Zitronen- und Orangenschalen sowie alle Gewürze untermischen.

Den Teig auf einer bemehlten Arbeitsfläche etwa 2,5 cm dick ausrollen. Kleine Quadrate oder Ovale ausschneiden und auf ein bemehltes Backblech legen.

5 Minuten backen, danach den Ofen abschalten und die Kekse nach etwa 8 Stunden herausnehmen, wenn der Ofen völlig abgekühlt ist. Alternativ die Kekse knapp 1 Stunde bei 130 °C backen. Sie sollten zart goldgelb und ganz mürbe sein.

TORTA DI MANDORLE

Mandelkuchen

Als Kind drückte ich mir am Schaufenster die Nase platt, bis ich diesen Kuchen schließlich einmal zu kosten bekam. Welche Enttäuschung damals! Inzwischen mag ich den Geschmack jedoch außerordentlich gern. Noch heute ziert der berühmte Mandelkuchen mit seinem goldenen Zuckerglanz die Auslage fast jeder italienischen Konditorei.

Für 10 Personen

60 g Mandeln
15 g Bittermandeln (siehe Anmerkung Seite 190)
175 g Weizenmehl
300 g feiner Zucker
9 Eier
Abgeriebene Schale von 1 unbehandelten Zitrone

Außerdem:
Butter und Mehl für die Backform
2 EL Puderzucker zum Bestauben

Den Backofen auf 160 °C vorheizen.

Die Mandeln in kochendem Wasser kurz blanchieren und enthäuten. Im heißen Backofen, unter dem Grill oder in einer Pfanne ohne Fett einige Minuten rösten, im Mörser zerstoßen oder im Mixer zerkleinern, wobei sie nicht zu Pulver zermahlen werden dürfen.

In einer Schüssel das Mehl mit 1 Esslöffel Zucker und den Mandeln vermengen.

Die Eier trennen und die Eigelbe mit dem restlichen Zucker schlagen, bis eine helle, dicke Creme entsteht. Diese zusammen mit der Zitronenschale unter die Mandel-Mehl-Mischung rühren.

Die Eiweiße zu Schnee schlagen und behutsam, aber gründlich unter die Masse heben.

Eine runde Backform buttern und mit Mehl bestauben. Die Masse einfüllen und 30–35 Minuten backen, bis die Oberfläche eine goldbraune Farbe annimmt. Mit dem Puderzucker bestauben und auf einer Kuchenplatte anrichten.

Für einen besonderen Anlass den Kuchen mit ganzen oder gehobelten Mandeln bestreuen. Backen, wie zuvor beschrieben, und vor dem Servieren mit einer einfachen Aprikotur (erhitzte, passierte Aprikosenkonfitüre) überziehen.

CENCI

Frittiertes Mürbeteiggebäck

Dieses Gebäck wird in ganz Italien zu allen erdenklichen Gelegenheiten, und sei es nur zum bevorstehenden Wochenende, zubereitet. Dabei variieren Form und Größe von Region zu Region.

Ergibt etwa 20 Stück

250 g Weizenmehl
80 g feiner Zucker
2 EL Olivenöl
Abgeriebene Schale von 1 unbehandelten Orange oder Zitrone
2 EL Vin Santo (ersatzweise ein anderer Dessertwein)
2 Eier, verquirlt
1 Prise Salz

Außerdem:
Olivenöl zum Ausbacken
Feiner Zucker zum Bestreuen

Das Mehl auf eine Arbeitsfläche häufen und mit dem Zucker, dem Olivenöl, der Orangen- oder Zitronenschale, dem Vin Santo, den Eiern und dem Salz vermengen. Kneten, bis sich ein geschmeidiger Teig ergibt, und diesen 30 Minuten ruhen lassen.

Den Teig sehr dünn ausrollen und mit einem Teigrädchen Rechtecke und Quadrate ausschneiden.

In einer hohen Pfanne reichlich Olivenöl stark erhitzen und die Plätzchen portionsweise von beiden Seiten goldgelb ausbacken. Auf Küchenpapier abtropfen lassen, mit Zucker bestreuen und auf einer Platte servieren.

CALDARROSTE UBRIACHE

Flambierte Kastanien

In der Toskana gehören Verkäufer, die heiße Maroni (Edelkastanien) feilbieten, vielerorts zum normalen Straßenbild. Flambiert erfreuen sie sich auch als Nachspeise großer Beliebtheit. Allerdings verschlägt einem der heiße Grappa mitunter im ersten Moment den Atem!

Zum Rösten von Maroni gibt es spezielle Pfannen. Sie können aber auch ein ausgedientes Metallsieb oder eine alte Bratpfanne, deren Boden Sie mehrfach durchbohrt haben, verwenden.

Für 10 Personen

1 kg Edelkastanien
100 g feiner Zucker
90 ml Grappa

Die Kastanien mit einem kleinen, scharfen Messer rundherum oder auf der gewölbten Seite kreuzweise einritzen und über heißer Glut oder einer Gasflamme (oder auch im heißen Backofen) rösten, dabei gelegentlich mit Wasser besprengen.

Sobald sie aufspringen, lassen sich die Schale und die innere Haut ganz leicht ablösen. Die noch heißen Kastanien in einen schweren Topf oder eine Kupferpfanne füllen, mit dem Zucker bestreuen und mit dem Grappa begießen.

Den Alkohol mit einem Streichholz entzünden, ausbrennen lassen und die Kastanien sehr heiß servieren.

PAN DEI SANTI

Heiligenbrot

Dieses Brot wird traditionsgemäß am 1. November zu Allerheiligen gebacken. Es ist auch als *Pane Dei Morti* bekannt, als »Totenbrot« also, und wurde früher an Allerseelen auf den Friedhof mitgenommen, um es den verstorbenen Familienangehörigen für ihr eigenes Fest darzubringen.

Für 10 Personen

50 g Mandeln
50 g Walnusskerne
300 g Fladenteig (Rezept Seite 24), aufgegangen
1 EL Olivenöl
30 g Rosinen
½ TL Anissamen, zerrieben
Abgeriebene Schale von ½ unbehandelten Zitrone

Außerdem:
Butter und Mehl für das Backblech

Die Mandeln in kochendem Wasser blanchieren und enthäuten. Zusammen mit den Walnusskernen im heißen Backofen, unter dem Grill oder in einer Pfanne ohne Fett einige Minuten rösten, anschließend hacken.

Den Teig nochmals durchkneten und dabei das Öl, die Mandeln und Nüsse, die Rosinen, die Anissamen und die Zitronenschale einarbeiten. Den Teig zu einem flachen runden oder ovalen Laib formen, mit einem Küchentuch bedecken und an einem warmen Ort 30 Minuten ruhen lassen.

Den Backofen auf 180 °C vorheizen.

Ein Backblech buttern und mit Mehl bestauben. Den Laib darauf legen, oben kreuzweise einschneiden und etwa 40 Minuten backen.

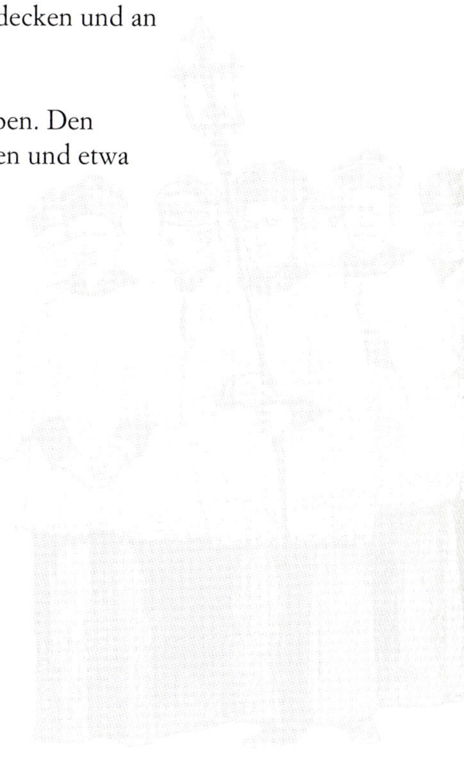

BUCCELLATO

Süßes Hefebrot

In Lucca und Umgebung schätzt man dieses Brot zu jeder Jahreszeit. Hier isst man es, in Scheiben geschnitten, statt der sonst so verbreiteten Croissants und Brioches zum Frühstück. Letztere sind, wie im Namen schon anklingt, französische Importprodukte, während *Buccellato* in Italien bereits gebacken wurde, bevor Katharina de' Medici nach Frankreich ging. In Sizilien kennt man dieses Brot auch mit Trockenfrüchten.

Für 10 Personen

10 g frische oder 15 g Trockenhefe
60 ml warme Milch, nach Bedarf auch etwas mehr
400 g Weizenmehl
150 g feiner Zucker
1 Prise Salz
1 Prise Natron
2 Eier
50 g weiche Butter
Abgeriebene Schale von 1 unbehandelten Zitrone

Außerdem:
Butter und Mehl für die Form

Die Hefe in der warmen Milch auflösen.

Das Mehl auf eine Arbeitsfläche häufen und mit dem Zucker, dem Salz und dem Natron vermengen. In die Mitte eine Mulde drücken und die Eier, die Butter, die Zitronenschale und die Hefe hineingeben. Die Zutaten in der Mulde zunächst mit einer Gabel mit einem Teil des Mehls vermengen und anschließend kneten, bis sich ein glatter Teig ergibt, dabei nach Bedarf weitere warme Milch hinzufügen. Mit einem Küchentuch bedecken und an einem warmen Ort 2 Stunden gehen lassen.

Den Backofen auf 180 °C vorheizen. Eine flache Kastenform oder eine Kranzform buttern und mit Mehl bestauben.

Den Teig auf der bemehlten Arbeitsfläche nochmals durchkneten und je nach der verwendeten Form zu einem Laib oder einer längeren Rolle formen. In die Form legen und 35–40 Minuten backen, bis das Brot eine goldbraune Farbe annimmt.

BRUTTI E BUONI

Mandelmakronen

Einen treffenderen Namen könnte diese Spezialität aus Montecatini kaum tragen: Die Plätzchen sind häßlich – *brutti* – und schmecken dabei ausgesprochen gut – *buoni*. Ihre unregelmäßigen Formen sind also ein unbedingtes Muss.

Ergibt 20 Stück

300 g Mandeln
20 g Bittermandeln (siehe Anmerkung Seite 190)
4 Eiweiß
250 g feiner Zucker

Außerdem:
Butter und Mehl für das Backblech

Die Mandeln blanchieren, enthäuten, im heißen Backofen, unter dem Grill oder in einer Pfanne ohne Fett einige Minuten rösten und anschließend hacken.

Die Eiweiße mit dem Zucker zu Schnee schlagen. Die Mandeln unterziehen. Die Masse in einen Topf füllen und bei sehr niedriger Temperatur 20 Minuten erwärmen.

Den Backofen auf 150 °C vorheizen. Ein Backblech buttern und mit Mehl bestauben oder mit Backpapier belegen.

Die Mandelmasse in kleinen Häufchen mit Hilfe von zwei Teelöffeln auf das Blech setzen und die Makronen etwa 35 Minuten backen, bis sie eine goldbraune Farbe annehmen.

In einer dicht schließenden Dose lässt sich das Gebäck lange aufbewahren.

BOMBOLINI ALLA FIORENTINA

Kleine Hefekrapfen

Das Rezept lässt sich bis ins 13. Jahrhundert zurückverfolgen, somit sind diese Krapfen vielleicht die ältesten der Welt. Wie die *Kutteln in Tomatensauce* (Rezept Seite 118) wurden sie früher oft von Straßenverkäufern vor den Kinos angeboten.

Ergibt etwa 10 Stück

10 g frische oder 15 g Trockenhefe
90 ml warme Milch, nach Bedarf auch etwas mehr
500 g Weizenmehl
80 g feiner Zucker
Abgeriebene Schale von 1 unbehandelten Zitrone
1 Prise Salz
80 g weiche Butter

Außerdem:
Olivenöl zum Ausbacken
Feiner Zucker zum Bestreuen

Die Hefe in der warmen Milch auflösen.

Das Mehl auf eine Arbeitsfläche häufen und mit dem Zucker, der Zitronenschale und dem Salz vermengen. In die Mitte eine Mulde drücken und die Butter sowie die Hefe hineingeben. Die Zutaten in der Mulde zunächst mit der Gabel mit einem Teil des Mehls vermengen und anschließend kneten, bis sich ein weicher, geschmeidiger Teig ergibt, dabei nach Bedarf etwas mehr warme Milch hinzufügen. Den Teig mit einem Küchentuch bedecken und an einem warmen Ort einige Stunden gehen lassen.

Den Teig auf der bemehlten Arbeitsfläche nochmals durchkneten und etwa 1 cm dick ausrollen. Mit einem umgedrehten Glas oder einem Teigrädchen Kreise ausschneiden, auf eine bemehlte Fläche legen und nochmals 1 Stunde gehen lassen.

Reichlich Öl in einer hohen Pfanne erhitzen und die Krapfen portionsweise von beiden Seiten goldbraun ausbacken. Auf Küchenpapier abtropfen lassen und vor dem Servieren mit Zucker bestreuen.

TIRAMISU

Tiramisu

Jede Gegend Italiens, ja beinahe jede Stadt und jeder Ort erheben Ansprüche auf das Orginal dieses Desserts. Die Frage seines wahren Ursprungs ist bisher nicht zuverlässig geklärt. Fest steht indes, dass das Verhängnis für Kalorienbewusste seinen Lauf nahm, als das erste Eigelb mit Zucker geschlagen wurde. In diesen süßen Eischaum tunkten die Mütter Löffelbiskuits und servierten sie ihren Kindern vor der Schule, damit sie kräftig und gesund aufwuchsen – meine Mutter machte darin keine Ausnahme! Tatsächlich bedeutet *tirare su* »aufziehen, hochziehen«, übersetzt fordert der Rezeptname also »zieh mich hoch!« Vollendet mit belebendem Kaffee, Marsala oder Vin Santo und mit dem Gaumen schmeichelndem Mascarpone verfehlt diese Spezialität auch bei »großen Kindern« ihre Wirkung nicht.

Für 10 Personen

Starker schwarzer Kaffee (möglichst Espresso) zum Tränken
175 ml Vin Santo
20 Löffelbiskuits (je nach Größe auch mehr)
5 Eier, getrennt
350 g feiner Zucker
500 g Mascarpone
Rum oder Weinbrand (nach Belieben)
Bitteres Kakaopulver oder geraspelte Schokolade

Den Kaffee mit dem Vin Santo verrühren. Die Hälfte der Löffelbiskuits kurz in die Flüssigkeit tauchen, bis sie durchtränkt, aber noch nicht aufgeweicht sind, und den Boden einer hübschen, etwa 23 cm langen Form damit auslegen. Löffelbiskuits, die noch zu trocken aussehen, mit weiterer Flüssigkeit beträufeln.

Die Eigelbe mit der Hälfte des Zuckers aufschlagen, bis eine weißschaumige Creme entsteht. Den Mascarpone einrühren und zu einer gleichmäßig dicken Masse mischen. Die Eiweiße mit dem restlichen Zucker zu Schnee schlagen und unter die Mascarponecreme heben. Nach Belieben mit etwas Rum oder Weinbrand aromatisieren.

Die Hälfte der Creme in der Form verteilen. Die restlichen Löffelbiskuits kurz in den Kaffee tauchen, nebeneinander auf die Creme in die Form schlichten und mit der restlichen Creme bedecken. Die Oberfläche glatt streichen und das Tiramisu über Nacht kalt stellen.

Vor dem Servieren mit bitterem Kakaopulver bestauben oder mit geraspelter Schokolade bestreuen.

REGISTER

Kursive Seitenzahlen verweisen auf Fotos.

G

H

I

K

L

Danksagung

Mein besonderer Dank gilt

meinem Agenten Brian Stone, Colin Webb, Vivien James und Clare Johnson von Pavilion für ihre Unterstützung und Aufmunterung, James Murphy für seine Fotos, meiner Frau Letizia, meinen Kindern Alex, Marietta und Alfonso, meinen Enkeln Amy und Sidney, den Mitarbeitern von La Famiglia sowie den zahlreichen Freunden und Kollegen, die mir im Laufe der Jahre so viel beigebracht und mich an ihrem Geheimwissen haben teilhaben lassen.